Oberallgäu 1

Region Füssen 2

Region Reutte 3

Känzele 4

Wichtige Telefonnummern ☎

Deutschland:
🚑 **Notruf (Feuerwehr):** 112 (Festnetz und Handy)
🚓 **Polizei:** 110 (Festnetz und Handy)
Polizei oder Feuerwehr leiten Notrufe an die nächste Rettungsleitstelle weiter.
☎ **Rettungsleitstellen/Bergwacht: 19 222**
(Für Anrufer vom Handy aus muss zwingend eine Ortsvorwahl (z. B. Kempten) mitgewählt werden: **+49 (0) 831 / 19 222**

Österreich:
Notruf/Bergwacht: 140
Notruf International: 112

GEBRO Verlag

ALLGÄU-ROCK
Sportkletterführer
Oberallgäu ○ Ostallgäu ○ Reutte/Tirol ○ Känzele

ULRICH RÖKER

HARALD RÖKER

Klettern ist ein potenziell gefährlicher Sport. Die persönliche Sicherheit sollte von keinen Angaben in diesem Buch abhängig gemacht werden. Autoren und Herausgeber können für die Richtigkeit der Angaben in diesem Buch nicht garantieren, dazu gehören auch Topos, Beschreibung der Routen, Zugangsinformationen sowie Schwierigkeitsbewertungen und Wandhöhen.
Jegliche Haftung für die Richtigkeit der Angaben in diesem Buch wird abgelehnt. Klettern erfolgt vollständig auf eigene Verantwortung.

Ulrich & Harald Röker,
Allgäu-Rock
Sportkletterführer
Oberallgäu • Ostallgäu • Reutte/Tirol • Känzele

GEBRO Verlag, Immenstadt
3. Auflage, August 2008
ISBN 978-3-938680-11-7

© by GEBRO Verlag, Ulrich & Harald Röker GbR
Knottenried 14
D-87509 Immenstadt
Tel.: +49 (0) 83 20/92 54 16
www.gebro-verlag.de
Alle Rechte, auch auszugsweise, vorbehalten
Gedruckt in Deutschland

Titel: Florian Behnke, *Perpetuum Mobile* (9+/10-), Weißwand
Foto: Archiv Röker

Bilder Seite 3: 1. *Casanovas Bekehrung* (7+/8-), Kraftwerk-Wand
2. *Recherche* Kraftwerk-Wand
3. *Basica* (11-), Rottachberg
Fotos: Fred Voss

Bilder Innenteil: Archiv Röker, soweit nicht anders vermerkt

Inhalt

Vorwort 6
Freizeitangebote 6
Gebrauch 7
Wichtige Hinweise 8
Top 50 9

1 - Oberallgäu 10

1.1 Bachtelweiher * 12
1.2 Seltmans *** 14
1.3 Hinterkirche * 18
1.4 Hohe Brücke * 20
1.5 Rottachberg (Falkenstein) **** 22
1.6 Weinberg 30
1.7 Burgberger Platten 32
1.8 Grauer Stein ** 34
1.9 Starzlachklamm *** 40
1.10 Starzlachklamm Nebenfelsen 40
1.11 Stuhlwand * 47
1.12 Nasse Wand *** 49
1.13 Freggelstein 53
1.14 Rossberg **** 54
1.15 Starzlachwinkel ** 60
1.16 Wertacher Klettergarten ** 66
1.17 Steinköpfle 70
1.18 Kellerwand *** 72
1.19 Neue Kellerwand * 78
1.20 Hirschtobel 80
1.21 Weihar **** 82
1.22 Kraftwand *** 93
1.23 Voglerwand ** 96
1.24 Zipfelschrofen * 100
1.25 Prinz-Luitpold-Haus ** 102
1.26 Jockelstein * 110
1.27 Wiwogitrumu-Festung * 112
1.28 Schönberg-Alpe 118
1.29 Beslerkopf * 120
1.30 Beslerwand *** 122
1.31 Besler *** 127
1.32 Schafkopf *** 132
1.33 Neues Tiefenbach ** 138
1.34 Altes Tiefenbach ** 147
1.35 Klingenbichl * 150
1.36 Laiterstein ** 152
1.37 Wäldele ** 156
1.38 Auenland ** 160
1.39 Ifen *** 164

2 - Region Füssen 182

2.1 Neufundland ** 183
2.2 Bad Faulenbach - Tennisplatz-Wand * 186
2.3 Bad Faulenbach - Mittersee-Wand ** . 189
2.4 Bad Faulenbach - Trimm-Dich-Wand * 192
2.5 Schwärzer Wand *** 194
2.6 Grenzwandl 197
2.7 Schatzkiste ** 198
2.8 Ziegelwies ** 200
2.9 Obere Schwanseeplatte * 204
2.10 Untere Schwanseeplatte * 206
2.11 Füssener Wändle (Waitl-Wändle)** .. 208
2.12 Schwansee-Wand * 214
2.13 Israelit 216
2.14 Weißhaus ** 218
2.15 Kraftwerk-Wand **** 223
2.16 Vilser Platte ** 236
2.17 Ländenplatte ** 240
2.18 Eiserne Wand ** 242

3 - Region Reutte/Tirol 246

3.1 Brunstgratwand *** 247
3.2 Weißwand *** 252
3.3 Pensionistenblock * 262
3.4 Frauenseepfeiler 264
3.5 Gsperr *** 266
3.6 Rieden * 270
3.7 Gaichtpass ** 272

4 - Känzele (Gebhardsberg) **** 276

Vorwort

Allgäu-Rock in neuem Glanze. Pünktlich zum dreijährigen Bestehen freuen wir uns, die dritte komplett überarbeitete Auflage präsentieren zu können. Und es gibt tatsächlich wieder eine Menge zu berichten. Neue oder wieder entdeckte Wände, viele Neutouren, eine ganze Menge Sanierungsarbeit. Dies alles und darüber hinaus viele kleine, wissenswerte Details, machen auch dieses Mal aus der Neuauflage eine interessante Dokumentation des Allgäuer Sportklettergeschehens. Aus Wänden wie etwa dem Besler, wurden durch eine grundlegende Sanierung sowie viele Neutouren richtiggehende Schmuckstücke. Nach zahlreichen Gesprächen und abwägen von Für und Wider haben wir uns dazu entschlossen, erstmals auch die gewaltige Südwand des Ifen mit aufzunehmen, in der Hoffnung, die einzigartige Schönheit dieses Massivs mit vielen teilen zu können, ohne den Fortbestand des Gebiets zu gefährden. Die hochoffizielle und äußerst strenge Kletterregelung sollte dies eigentlich gewährleisten. Mit dem gewaltigen Konglomeratgebirgszug des Känzele – hoch über Bregenz mit Aussicht auf den Bodensee gelegen – haben wir das Führerwerk nach Westen hin abgerundet, womit ein neuer „Hot Spot" für Freunde des senkrechten Abenteuers hinzugekommen ist.

Um all jene zu würdigen, die aktuell und besonders auch in vergangenen Jahren den Klettersport in seiner heutigen Form erst möglich gemacht haben, stellen wir euch dieses Mal die wichtigsten Persönlichkeiten hinter den Routennamen etwas näher vor. Alle zu berücksichtigen war bei weit über hundert im Allgäu tätigen Erschließern einfach nicht möglich und hätte den Rahmen des Buches mit Sicherheit gesprengt. Doch auch wenn sie hier nicht in besonderer Weise gewürdigt wurden, gilt unser Dank all jenen, die durch Erstbegehungen, Sanierungen oder anders gearteten Tätigkeiten einen wichtigen Beitrag für das Allgäuer Sportklettern geleistet haben.

Ein ganz persönliches Dankeschön für zahlreiche Detailinformationen geht an Philipp Kindt, Jörg Brejcha, Wolfgang Hofer, Bernhard Karg, Silvio Rohrmoser, Felix Frieder, Andreas Lind, Christoph Gotschke, Jürgen Schafroth, Maxi Klaus, Herbert Hanser, Thomas Adler, Klaus Buhl, Heinz und Hermine Sommer, Eugen Huber, Ralph Eggart, Christian Koller, Kristian Rath, Florian Behnke, Christian Bindhammer, Andreas Bindhammer, Walter Hölzler, Christian Häusler, natürlich an unseren Führerkollegen Marcus Lutz und an alle, die wir an dieser Stelle noch vergessen haben.

Doch genug der Worte, kommen wir zu den Taten. Etwa 1600 Kletterrouten warten auf eure Wiederholungen und bei perfektem Gebirgspanorama, optimalem Wetter und maximaler Kraft sollte dem Unternehmen Allgäu nichts mehr im Wege stehen. In diesem Sinne wünschen wir euch allen viele herrliche und unvergessliche Klettermeter.

Im August 2008, Ulrich und Harald Röker

Freizeitangebote

Zunächst hatten wir die Absicht, Freizeittipps mit in dieses Buch aufzunehmen, doch wäre dies sicherlich nur ein kümmerlicher Anteil dessen, was hier tatsächlich geboten ist. Daher möchten wir an dieser Stelle an das Internet-Portal www.dein-allgaeu.de verweisen, das wohl die vollständigste Informationsquelle über das Allgäu als Urlaubs- und Freizeitregion darstellen dürfte.

DEIN ALLGÄU Portal **DEIN ALLGÄU**

für Freizeit, Urlaub, Erholung, Sport und Entspannung
für Einheimische, Touristen und für in die Fremde gezogene

www.dein-allgaeu.de

Gebrauch

Anfahrt
Falls vorhanden, wurden immer offizielle Parkplätze als Ausgangspunkt gewählt. Einige Gebiete sind nur von kostenpflichtigen Parkplätzen aus erreichbar.

Lage
Hier werden die jeweilige Höhenlage und die Umgebungsbedingungen (Laubwald, Mischwald, Nadelwald) erwähnt. Die Ausrichtungen der Felswände werden direkt beim jeweiligen Topo angegeben.

Erstbegeher
Falls „Bohrer" und Erstbegeher nicht identisch sind, wurde der Erstbegeher nach einem „/" aufgeführt.

Verwendete Symbole
7 | 8 Zwei Seillängen, erste Grad 7, zweite Grad 8
- 𝟾 Schlinge/Sanduhr
- ⚲ Fixer Klemmkeil
- x Bohrhaken (BH)
- ⚲ Normalhaken
- ⊗ Entfernter Bohrhaken
- x↷ Umlenkung
- ⊖ Stand
- 📕 Wandbuch, Kassette
- 🌲 Waldrand

Sternesystem für Gebiete
Die Felsen sind in ein System von 0 bis 4 Sterne eingeteilt. Dies beinhaltet Routenqualität, Routenanzahl und Schwierigkeitsverteilung.

Kinderfreundlichkeit
Wände mit kurzem Zugang und wenigen alpinen Gefahren haben wir als kinderfreundlich eingestuft.

Beste Jahreszeit
Mai bis Oktober. Die im alpinen Bereich liegenden Wände sind meist erst im späten Frühjahr zugänglich. Einzelne Felsen sind ganzjährig bekletterbar.

Absicherung
Die hier beschriebenen Felsen sind mit Bohrhaken abgesichert. In Einzelfällen gibt es auch noch den einen oder anderen zusätzlichen Normalhaken. Die Hakenabstände sind in der Regel moderat, ein Satz Klemmkeile kann jedoch niemals schaden.

Wandhöhen/Seillängen/Ausrüstung
Es werden zwar nur ausgesprochene Sportkletterfelsen beschrieben, doch gibt es einige Wände, die Routenlängen bis zu 5 Seillängen aufweisen. Hierfür ist das volle Programm für Standplatzbau und Abseilen erforderlich. In der Regel ist ein 60 m Seil ausreichend, um wieder sicheren Boden zu erreichen. Bei einigen Felsen kann jedoch ein 70 m Seil nicht schaden, am Känzele bei Bregenz können sogar 80 m hilfreich sein. 15 Expressschlingen sind ausreichend, in der Regel genügen bereits 12. Ein Helm ist an manchen Wänden sinnvoll, im Klettergarten Klingenbichl sogar vorgeschrieben. Man sollte nie vergessen, der Berg hört im Allgäu in der Regel nicht oberhalb der Felsen auf und mit Steinschlag ist im alpinen Bereich immer zu rechnen.

Unterkunftsmöglichkeiten
Als Tourismushochburg verfügt das Allgäu über genügend Übernachtungsmöglichkeiten aller Art.

Sportgeschäfte
Unter anderen empfehlen sich folgende Sportgeschäfte:
Bergsport Maxi, Kempten (siehe Seite 99)
Scenic Sports, Kaufbeuren (siehe Seite 227)
Schuh Nöß, Pfronten (siehe Seite 231)

Kletterhallen
Für Schlechtwettertage empfiehlt sich unter anderen folgende Kletterhalle:

in form park, Oberstdorf (siehe Seite 87)

Kartenmaterial
Für die einzelnen Regionen können folgende Karten hilfreich sein:

Oberallgäu:
Kompass Wander- Rad- und Skitourenkarte
Allgäuer Alpen Kleinwalsertal (3), 1:50 000

Ostallgäu, Region Reutte/Tirol:
Kompass Wander- Radtouren- und Langlaufkarte
Füssen Ausserfern (4), 1:50 000

Känzele (Bregenz):
Kompass Wander- Rad- und Skitourenkarte
Bregenzerwald Westallgäu (2), 1:50 000

Schwierigkeitstabelle

UIAA	Französisch
6+	6a
7-	6a+
7	6b
7+	6b+
8-	6c...6c+
8	6c+...7a
8+	7a+
9-	7b+
9	7c
9+	7c+...8a
10-	8a+
10	8b
10+	8b+
11-	8c
11	9a

Wichtige Hinweise

Aus gegebenem Anlass möchten wir an dieser Stelle auf einige unverzichtbare Benimmregeln aufmerksam machen, denn ohne diese werden wir unseren Sport auf lange Sicht nicht ungestört weiter betreiben können. Denkt bitte daran, die meisten der hier beschriebenen Felsen befinden sich auf Privatgrund. Die Akzeptanz des Kletterns durch die ortsansässige Bevölkerung sollte dabei immer im Hinterkopf behalten werden, denn schlussendlich ist diese auch im Allgäu unverzichtbar, um die Felsen für den Sport offen zu halten.

Anreise
Wenn möglich mit öffentlichen Verkehrsmitteln anreisen oder zumindest Fahrgemeinschaften bilden.

Parken
Die Parksituation im Allgäu ist häufig schwierig und oft kostenpflichtig. Grundsätzlich gilt: Parken nur an offensichtlich dafür vorgesehenen Stellen, ohne Behinderungen für die ortsansässige Bevölkerung zu verursachen. Auf zugeparkte Hofeinfahrten oder Wirtschaftswege reagiert erfahrungsgemäß der Betroffene zu Recht absolut sauer. Bei überfüllten Parkmöglichkeiten muss dann eben auch mal auf ein Ausweichziel zurückgegriffen werden. Die im Führer beschriebenen Möglichkeiten waren zum Zeitpunkt der Drucklegung in Ordnung, Änderungen kommen aber immer mal wieder vor.

Zugang
An die beschriebenen Zustiegswege halten. Abkürzungen über Wiesen o. Ä. sind unbedingt zu vermeiden.

Verhalten am Fels
Ein unauffälliges Verhalten am Fels sollte für jeden selbstverständlich sein, hier nochmals einige wichtige Punkte:
- Kein lautstarkes Lamentieren bis hin zu wilden Urschreien über vergeigte Begehungsversuche, sondern einfach beim nächsten Versuch etwas besser machen. Schont übrigens nicht nur die eigenen Nerven sondern auch die der gesamten Umgebung.
- Unrat hat am Fels nichts verloren, dazu zählen auch Zigarettenkippen und gebrauchte Tapereste.
- Fäkalien (inklusive Toilettenpapier) wenns denn sein muss, bitte vergraben und nicht unter den Einstiegen die kleineren oder größeren Geschäfte erledigen!
- Ein weiterer Aspekt ist das Anbringen von Chalk-Markierungen. Für den eigenen Versuch ist das absolut kein Problem, aber bitte danach auch wieder entfernen. Auch komplett zugechalkte Griffe erfreuen die große Mehrheit nicht unbedingt. Deshalb ab und zu auch die Zahnbürste zücken und ein bisschen schrubben, das kommt allen zugute und verhindert gleichzeitig ein frühzeitiges Abspecken der Routen.
- Fixes anbringen von Expressschlingen ist an einigen Wänden in Mode gekommen. Abgesehen davon, dass so eine wirkliche Onsight- oder Rotpunkt-Begehung von vorne herein unmöglich gemacht wird, werden diese Schlingen über die Jahre hinweg nicht gerade besser. Uralte, ausgebleichte Expresses sind aber keine Erleichterung, sondern nur noch ein Hemmnis. Jeder Kletterer hat schließlich genügend eigene Schlingen zur Verfügung. Denkt bitte auch daran, dass nicht jedermann den optischen Reiz einer mit Expressschlingen dekorierten Wand voll zu würdigen versteht, manch ein Grundbesitzer reagiert auf so einen Anblick bestenfalls irritiert.

Neutouren
Als langjährige Kletterer und Erschließer liegt uns ein Problem doch sehr am Herzen, das uns in einigen Gebieten unangenehm aufgefallen ist. Viele Routen wurden und werden massiv künstlich manipuliert. Wohlgemerkt, es geht uns dabei nicht darum zu verhindern, lockere Brocken oder gefährliche scharfe Kanten aus Neutouren zu entfernen, um Unfälle zu vermeiden. Das können wir jedem Erstbegeher nur dringend anraten. Aber das Zurechttrimmen von Schwierigkeiten auf den eigenen Leistungsstand, das gehört nicht zu einem fairen Klettersport. Es war für Kletterer einmal ungeschriebenes Gesetz, die von der Natur gestellten Schwierigkeiten zu akzeptieren und eine kletterbare Lösung dafür zu suchen, oder eben das Problem einem Besseren zu überlassen. Die Vorgehensweise nach dem Motto „Ich suche mir ein Stück Fels und klopfe mir eine Route für meine Fähigkeiten zurecht" hat in freier Natur absolut nichts verloren. Dafür gibt es Kletterhallen in ausreichender Anzahl. Auf diese Art wurde leider schon so manch machbare Zukunftslinie für immer zerstört. Völlig grifflose Wandpartien sind eben so, man muss nicht mit aller Gewalt überall klettern.

Top 50

Nr	Routenname	Grad	Fels	Erschließer	1. Begehung
1	Big Hammer	11	Pinswang *	M. Schwiersch	C. Bindhammer
2	Illuminati	11-/11	Rottachberg	M. Klaus	C. Bindhammer
3	Andiamo	11-/11	Rottachberg	M. Klaus	A. Bindhammer
4	Sakrileg	11-/11	Rottachberg	M. Klaus	C. Bindhammer
5	Planet Hollywood	11-	Weißwand	Winkelm., Rupprich	C. Bindhammer
6	Pandaemonium	11-	Pinswang *	C. Finkel	C. Bindhammer
7	Kreuzritter	11-	Rottachberg	M. Klaus	C. Bindhammer
8	Basica	11-	Rottachberg	M. Klaus	A. Bindhammer
9	Chri-Su	10+/11-	Rottachberg	M. Klaus	C. Bindhammer
10	Peter und der Wolf	10+/11-	Starzlachklamm	Klaus, Götzfried	C. Bindhammer
11		10+	Neues Tiefenbach	F. Herzog	O. Herrenkind
12	King of the Bongo	10+	Rottachberg	O. Herrenkind	C. Bindhammer
13	Kraftakt	10+	Kraftwerkwand	S. Rohrmoser	C. Bindhammer
14	Basic Bongo	10+	Rottachberg	Herrenkind, Klaus	M. Beuckmann
15	Für Peter	10+	Starzlachklamm	P. Götzfried	M. Klaus
16	Das Ei direkt	10+	Rottachberg	M. Klaus	C. Bindhammer
17	Siberian winter	10/10+	Kraftwerk-Wand	S. Rohrmoser	C. Bindhammer
18	White Zombie	10/10+	Weißwand	C. Winklmair	C. Winklmair
19	Excalibur	10/10+	Weißwand	Winkelm., Rupprich	S. Brunner
20	Missing link	10/10+	Weißwand	C. Winklmair?	C. Bindhammer
21	Langer Weg zum Licht	10/10+?	Trimm-Dich-Wand	C. Günther	C. Günther, Proj.
22	Zur Sache Schätzchen	10-..10/10+	Starzlachklamm	H. Wimmer	J. Gottfried
23	Indian summer	10	Kraftwerk-Wand	S. Rohrmoser	S. Rohrmoser
24	Arac attack	10	Känzele		
25	Ghostbusters	10	Weißwand	C. Günther	C. Günther, Proj?
26	To hell and back again	10	Weißwand	C. Günther	C. Günther, Proj?
27	Metamorphose	10	Känzele		
28	Zoe	10-/10	Neues Tiefenbach	M. Klaus	O. Herrenkind
29	Tanz der Geister	10-/10	Rottachberg	A. Schlamberger	M. Klaus
30	Quälgeist	10-/10	Rottachberg	P. Haltmayr	O. Herrenkind
31		10-/10	Auenland	?	evtl. noch Projekt
32	Human Touch	10-	Kraftwerkwand	M. Schwiersch	M. Schedel
33	Watergate	10-	Kraftwerk-Wand	C. Winklmair?	C. Winklmair
34	White wolf	10-	Rottachberg	H. Röker	H. Röker
35	Das Ei	10-	Rottachberg	M. Klaus	M. Klaus
36	Finnderlohn	10-	Rottachberg	D. Gebel	D. Gebel
37	Gib ihm Saures	10-	Starzlachklamm	H. Wimmer	H. Wimmer
38	Spiel ohne Grenzen	10-	Beslerwand	W. Hölzler	B. Haager
39	Kundun	10-	Beslerwand	W. Hölzler	B. Haager
40	Runde Sache	10-	Tennisplatzwand	E. Gamperl	E. Gamperl
41	Supernova	10-	Weißwand	C. Winklmair	C. Winklmair
42	Anarchie	10-	Weißwand	C. Günther	C. Günther?
43	Hard rock café	10-	Weißwand	K. Hofherr	K. Hofherr
44	Execute	10-	Pinswang *	C. Günther	Schwiersch, Finkel?
45	Route Markus	10-	Neues Tiefenbach	M. Wagner	O. Herrenkind
46		10-	Neues Tiefenbach	T. Woletz	O. Herrenkind
47	Grenzgänger	9+..10-	Kraftwerk-Wand	E. Gamperl	Rohrm., Gamperl
48	Go big or go home	9+/10-	Starzlachklamm	H. Wimmer	H. Wimmer
49	Chickenlegs	9+/10-	Starzlachklamm	P. Götzfried	P. Götzfried
50	Arbeitslos	9+/10-	Schatzkiste	M. Lutz	E. Gamperl

* nicht im Topo enthalten

1 - Oberallgäu

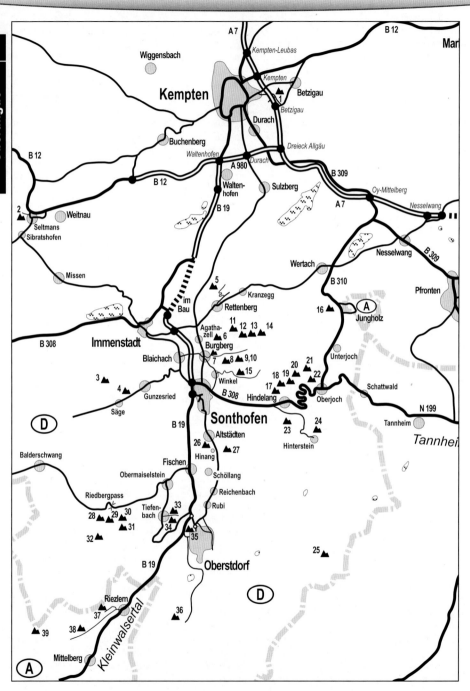

Oberallgäu - 1

1.1 Bachtelweiher * 12	1.21 Weihar **** 82
1.2 Seltmans *** 14	1.22 Kraftwand *** 93
1.3 Hinterkirche * 18	1.23 Voglerwand ** 96
1.4 Hohe Brücke * 20	1.24 Zipfelschrofen * 100
1.5 Rottachberg (Falkenstein) **** 22	1.25 Prinz-Luitpold-Haus ** 102
1.6 Weinberg 30	1.26 Jockelstein * 110
1.7 Burgberger Platten 32	1.27 Wiwogitrumu-Festung * 112
1.8 Grauer Stein ** 34	1.28 Schönberg-Alpe 118
1.9 Starzlachklamm *** 40	1.29 Beslerkopf * 120
1.10 Starzlachklamm Nebenfelsen 40	1.30 Beslerwand *** 122
1.11 Stuhlwand * 47	1.31 Besler 127
1.12 Nasse Wand *** 49	1.32 Schafkopf *** 132
1.13 Freggelstein 53	1.33 Neues Tiefenbach ** 138
1.14 Rossberg **** 54	1.34 Altes Tiefenbach ** 147
1.15 Starzlachwinkel ** 60	1.35 Klingenbichl * 150
1.16 Wertacher Klettergarten ** 66	1.36 Laiterstein ** 152
1.17 Steinköpfle 70	1.37 Wäldele ** 156
1.18 Kellerwand *** 72	1.38 Auenland ** 160
1.19 Neue Kellerwand * 78	1.39 Ifen *** 164
1.20 Hirschtobel 80	

Michael Gunsilius in Tanz der Geister ('10-/10)', Rottachberg

1.1 Bachtelweiher *

Sanierte Klettereien in einem alten Sandsteinbruch. Fast alle Routen beginnen plattig und führen oben durch die überhängende Wand. Selbst bei Regen kann im Sommer mit einem dichten Blätterdach noch einige Zeit geklettert werden.

Anfahrt
A) Von Füssen oder Ulm kommend die A 7 an der Ausfahrt Betzigau verlassen und weiter Richtung Betzigau. Die nächste Abzweigung links und parallel zur Autobahn Richtung Lenzfried. Der Straße immer geradeaus folgen, bis sie unter der Autobahn hindurchführt. Kurz darauf in einer Rechtskurve links bei einem Feldweg parken.
B) Von Kempten fährt man Richtung Betzigau, um im Ortsteil Lenzfried rechts Richtung Tannen abzuzweigen. In einer Linkskurve, bevor die Straße unter der Autobahn hindurch führt, rechts bei einem Feldweg parken.

Zugang
Der Straße Richtung Autobahn Anschlussstelle Betzigau unter der Autobahn hindurch folgen und die nächste Abzweigung links hoch Richtung Tannen. Durch den Ort hindurch und weiter auf einem Feldweg bis zu einer Waldgruppe. Links führt ein Trampelpfad zu niedrigeren Felswänden, an denen man bouldern oder Topropes einrichten kann.
Folgt man dagegen einem Trampelpfad rechts abwärts und biegt am Waldrand angelangt wieder scharf rechts ab, gelangt man zu den eingebohrten Klettereien.
Zugangszeit 10 Minuten.

Gestein
Sandstein.

Lage
Ca. 700 m, Laubwald, Sonne ab Nachmittag.

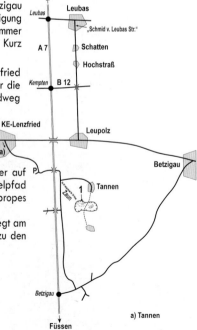

1 - Bachtelweiher

*Bachtelweiher 1.1

15-17 m, W

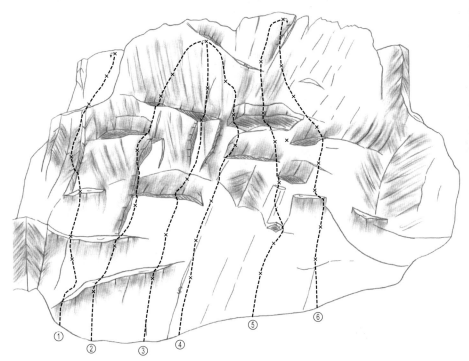

1		5-	M. Hofstätter	*Über Steilstufen nach links oben*
2	Riss	~7	M. Hofstätter	*Nur Riss ist 8-*
3	Überhang	7/7+	M. Hofstätter	*Oben steil mit weiten Zügen*
4	Rechter Überhang	7+	M. Hofstätter	*Interessant mit flachen Seitgriffen*
5	Dachl	6+	M. Hofstätter	*Kräftig zupacken übers Dach*
6		7-	M. Hofstätter	*Großblockig, viele Zangen und Seitgriffe*

1.2 Seltmans ***

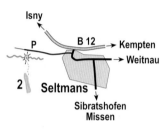

2 - Seltmans

Langgezogenes Felsmassiv aus Konglomeratgestein. Hier gibt es eine reichhaltige Auswahl an interessanten Routen vor allem in den mittleren Schwierigkeitsgraden. Die Absicherung sieht auf den ersten Blick etwas abenteuerlich aus, ist jedoch nahezu durchweg gut bis sehr gut.

Anfahrt
Von der A 7 zum Autobahnkreuz Allgäu, hier auf die A 980, die später zur B 12 und 2spurig wird. Links ab nach Seltmans und sofort wieder rechts (Sackgasse). Nach dem Ortsende weiter, bis die Fahrstraße zu Ende ist (ab hier Fuß-/Radweg). Hier am linken Straßenrand parken. Nicht über die Brücke fahren und diese immer frei halten!

Zugang
Links über eine Brücke und auf einem Pfad zum sichtbaren Fels.
Zugangszeit 1 Minute.

Gestein
Nagelfluh (Konglomerat).

Lage
Ca. 800 m, hauptsächlich Laubwald, vormittags Sonne. Bleibt bei leichtem Regen trocken.

Portrait

Dr. Wolf-Peter Riedel - Wahlallgäuer und graue Eminenz von Seltmans. Seinem Tatendrang vor nunmehr 26 Jahren haben wir dieses kleine aber feine Konglomeratklettergebiet zu verdanken. Als vielseitig interessierten Sportler erschien ihm damals das Allgäu ideal, um seinen Beruf als Psychotherapeut mit seinen Freizeitaktivitäten Wildwasserfahren, Gleitschirmfliegen, Skitouren-Gehen und natürlich Klettern zu verbinden. Beruflich fand er in Isny-Neutrauchburg eine Heimat, als Kletterer und Erschließer dagegen in Seltmans. Auf den Spuren von Bertl Breyer, dem vermutlich ersten Neulandsucher an dieser Wand, hat sich Peter in Alleinarbeit durch die mehr oder weniger steilen Wände gebohrt. Wie und unter welchen Bedingungen die Routen damals entstanden sind dazu Peter Riedel im Originalton:

„Die Bohrhakenära in Klettergärten hatte noch nicht so lange begonnen und als Bollerschuhkletterer hatte ich im Wilden Kaiser, in den Dolomiten und am Allgäuhauptkamm eher wacklige Fichtlhaken von Dülfer, Fichtl und Rebitsch eingehängt. Was ist das richtige Material? Das war die Frage.

In dem siebenjährigen völlig monomanen Abseil- und Bohrtrip kam ich von unzähligen (im Konglomerat lebensgefährlichen) Stichthaken zu eingeklebten Gewindestangen und schließlich zu 14 mm Bauzugankern mit selbstgebogenen Laschen. Dank der Sanierungsarbeit von Eugen Huber ist von diesen Neanderthalerankern immer weniger zu sehen.

Einmal ist mir beim Bohren in einem Quergang so ein Stichthaken ausgebrochen. Mit der Hilti in der linken Hand gings mit 1 g in die Tiefe. Der nächste Stichthaken ließ mein Sicherungssystem abrupt eingreifen. Die Hilti nahm Fahrt auf und beendete ihren Schwung auf meinem linken Knöchel. Oh heiliger Strohsack! Abseilen - Kotzen - Bewusstlos. Nach 2 Minuten wurde ich wieder wach. Alles hängenlassen... auf einem Bein zum Auto hüpfen... Krankenhaus Isny ... Knöchelbruch. Ein Freund hat alles abgebaut - inklusive der zweilitzigen Stromleitung, die ich bei jeder Session über die Argen zum Bauernhof rüberlegen musste.

Wenn ich heute als Oldtimer an „meinem" Klettergarten vorbeifahre (wo ich nirgends mehr richtig hochkomme) freu ich mich, dass da was lebt. A lot of good guys haben weitergemacht. Ein Allgäu Rock für einen stillen Sonntagmorgen."

Eugen Huber - Kletterer mit Leib und Seele und „one of the good guys", der weitermacht in Seltmans. Eugen hat noch nie viel Rummel um sein Engagement für den Klettersport gemacht, aber im Hintergrund setzt er sich unermüdlich für die Allgemeinheit ein, bohrt, saniert und klettert selbstverständlich auch jede Menge selbst. Dass er mit Leib und Seele seinen Sport lebt, erkennt man sofort, wenn man Eugen trifft. Mit leuchtenden Augen erzählt er begeistert von seinen letzten Kletterausflügen oder seiner letzten Neutour.

Doch bei allem Enthusiasmus, den Eugen für den Sport aufbringt, stimmen ihn manche Dinge auch sehr nachdenklich. Wenn Kletterer gedankenlos am Fels und in den Wiesen übernachten oder mal wieder allzuviel Rummel am Fels herrscht, wünscht er sich etwas weniger Konsumverhalten und mehr Respekt vor dem schönen Geschenk der Natur.

Im Klettergebiet Seltmans ist Eugen jedenfalls der „gute Geist" und so setzt er die von Peter Riedel begonnene Geschichte des Klettergartens fort, damit in Zukunft auch seine kletterbegeisterten Kinder sorglos zupacken können.

1.2 Seltmans ***

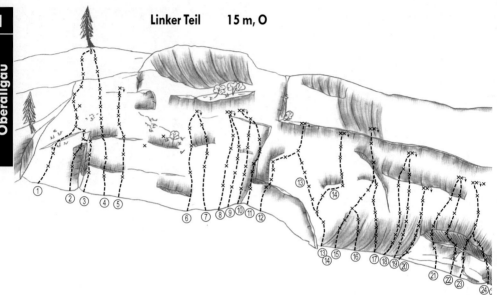

Linker Teil   15 m, O

#	Name	Grad	Erstbegeher	Bemerkung
1	Grüne Hölle	6	P. Riedel	
2	Grüne Hölle links	6	P. Riedel	
3	Grüne Hölle rechts	6	P. Riedel	
4	Fallobst	7-	Huber, Brutscher	
5	Grüne Wand	6+	P. Riedel	Nicht ganz so grün wie der Name
6	Alte Zeiten	6-	P. Riedel	Einfache Wandkletterei
7	Tante Anna	6+	P. Riedel	Ähnlich wie daneben, nur etwas schwerer
8	Zweitakt	6	P. Riedel	Saniert und beliebt
9	Auftakt	6	P. Riedel	Neu gebohrte Begradigung von G. Eggart
10	Schleicher	6	P. Riedel	Neu gesichert, schön zu klettern
11	Rotes Dach	7-	P. Riedel	Interessante Route, wird gern geklettert
12	Crack Flight	5+	C. Koller	Entlang der Rissspur nach rechts
13	Pech gehabt	7+	Huber, Brutscher	Unübersichtliche Platte, kleine Löcher
14	Kuli	7	P. Riedel	Etwas unübersichtlich gegen oben
15	Oldi	7	P. Riedel	Etwas staubiger Ausstieg
16	Don Quichotte	8+/9-	P. Riedel	So richtig gute Griffe sucht man hier vergebens
17	Superprise	8+/9-	Huber/Spitznagel	Hier gilt das selbe wie links daneben, saniert
18	Jonathans Meisterprüfung	9-/9	Huber/Zugmaier	Kleingriffig und steil
19	The Green Mile	8+/9-	R. Eggart	Kleingriffiger Start, weite Züge
20	Pilot's right stuff	8+/9-	R. Eggart	Schwere Stelle am 3. BH, eher ausdauernd
21	Pinguin	8	Kalbrecht, Ihler	Schöne Route im linken Dachbereich
22	Quo Vadis	9..9+/10-	R. Eggart	Längenzug ins Dach
23	Limit	9	P. Riedel	Mittig durchs Dach, neu gesichert
24			H. Röker	Projekt, Querung durchs Dach
25	Oho	8+	P. Riedel	Oho, was für ein Zug im Dach!
26	Tico goes shopping	8-..8+	C. Koller	Sehr größenabhängiger, weiter Zug

*** Seltmans 1.2

- Die Brücke und sämtliche Wege freihalten!
- Kein Übernachten am Fels oder in der Wiese!
- Nicht in den Wiesen lagern!

Oberallgäu

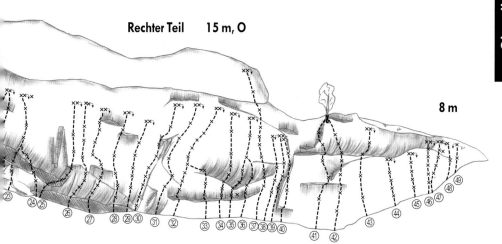

Rechter Teil   15 m, O

8 m

Nr.	Name	Grad	Erstbegeher	Bemerkung
27	Fix & Foxi	8+	Riedel/Huber	Nach Griffausbruch sehr interessante Stelle
28	Konfetti	7+/8-	Huber, Keicher	Steil und weite Züge, eine super Route
29	Zwergentod	8-	Huber, Keicher	Nach einem etwas gemeinen Start klasse Kletterei
30	Hilti	7+	P. Riedel	Kaum zu glauben, aber hier hat es gute Griffe
31	Steinbruch	7-/7	P. Riedel	Nicht so schlimm, wie der Name befürchten lässt
32	Top Modell direkt	8-		Die Griffe sind etwas versteckt
33	Top Modell	7-/7	P. Riedel	Der Klassiker des Gebiets
34	Schnapsidee	8+/9-	Huber/Spitznagel	Einige harte Züge bis zum rettenden Griff
35	Strammer Max	7+	P. Riedel	Schöne, homogene Tour
36	Heidi Heida	8-/8	Huber, Burr	Harte Einzelstelle
37	Überhänger	7-	P. Riedel	Gewusst wie
38	Heiligs-Blechle	7	P. Riedel	Irgendwie dazwischen und etwas definiert
39	Fall-Linie	6+	P. Riedel	Nette Kletterei
40	Stachliger Pfad	6	P. Riedel	Keine Stacheln, sondern nette Aufwärmroute
41	Birkenbäumchen links	7-	Kalbrecht, Dorn	Die Umlenkung ist etwas dubios!
42	Birkenbäumchen rechts	7	P. Riedel	Da muss man die richtigen Griffe erwischen
43	Dickes Ende	5+/6-	Huber, Brutscher	
44		2+	E. Huber	Gut gesicherte Kinderroute
45		2	E. Huber	Gut gesicherte Kinderroute
46		2-	E. Huber	Gut gesicherte Kinderroute
47		2	E. Huber	Gut gesicherte Kinderroute
48		3+	E. Huber	Kurz und weniger Haken
49		3+	E. Huber	Hier gilt das selbe

1.3 Hinterkirche *

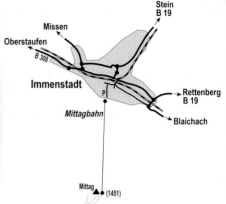

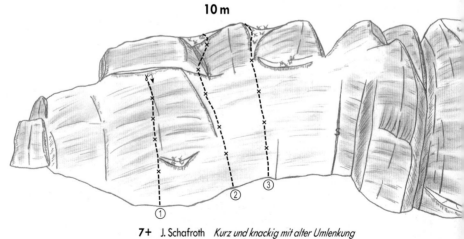

#	Name	Grad	Erstbegeher	Bemerkung
1		7+	J. Schafroth	*Kurz und knackig mit alter Umlenkung*
2		6	J. Schafroth	*Keine Umlenkung*
3		6	J. Schafroth	*Keine Umlenkung*
4	Public viewing	7/7+	J. Schafroth	*Unübersichtlich und schwer im mittleren Bereeich*
5	By fair means	7+/8-	J. Schafroth	*2 schwere Passagen, Haken teils schwer einzuhängen*
6	Fortsetzung folgt	7-/7	J. Schafroth	*Schwer im mittleren Bereich, danach gutgriffig*

* Hinterkirche 1.3

Herrliches Ambiente mit Blick weit ins Unterland, ideal in Verbindung mit einer wunderschönen Wanderung entlang der Nagelfluhkette. Die Routen im linken Bereich sind alt gesichert und haben teils keine Umlenkung, die rechten Routen weisen solides Material auf. Die Absicherung ist gut jedoch nicht übertrieben.

Anfahrt
Von der A 980 Ausfahrt Waltenhofen auf die B 19 Richtung Sonthofen/Oberstdorf. An der Ausfahrt Immenstadt Ost (Rettenberg/Grünten/Mittag) abfahren und weiter nach Immenstadt. Am ersten Kreisverkehr geradeaus Richtung Blaichach/Mittag, am nächsten Kreisverkehr rechts (Liststraße), am Lidl vorbei und parallel zur Bahnstrecke immer der Ausschilderung Mittagbahn folgen. Bei einer unübersichtlichen Kreuzung (rechts Bahnübergang) linkshaltend in die Stuibenstraße und ein Stück weiter links in die Mittagstraße zum Parkplatz für die Mittagbahn.

Zugang
Mit der Mittagbahn zum Mittaggipfel. Von dort dem ausgeschilderten Wanderweg entlang der Nagelfluhkette über den Steineberg (unter der Gipfelwand entlang) und weiter Richtung Stuiben folgen, bis die Wand sichtbar wird, die in etwa mittig zwischen Steineberg und Stuiben liegt. Der Wanderweg führt direkt oberhalb der Wand entlang. Am Beginn der Wand rechts ab und wenige Meter zum Wandfuß absteigen.
Zugangszeit ca. 45 Minuten ab Bergstation Mittagbahn.

Gestein
Nagelfluh (Konglomerat), sehr solide. Viele abstehende kleine Kiesel, deren Festigkeit nicht immer gewährleistet ist.

Lage
Ca. 1650 m, frei stehend.

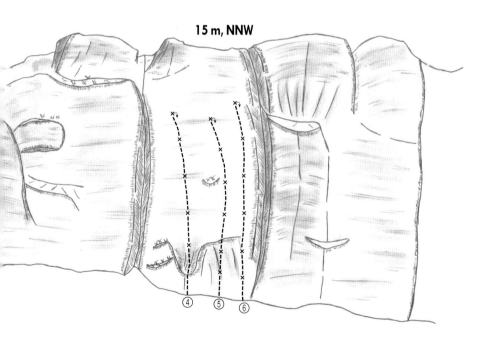

15 m, NNW

1.4 Hohe Brücke *

Abseits vom derzeitigen Klettergeschehen gelegene Wand mit einigen schönen Klettereien, die Peter Haltmayr vor nahezu 20 Jahren eingerichtet hat, die danach jedoch in den Dornröschenschlaf versunken sind. Kürzlich wurden die Routen reaktiviert/saniert und der Fels bietet im linken, höheren Wandbereich noch vielversprechendes Potenzial für so manche Route vornehmlich in den oberen Graden.

Anfahrt
Von der A 980 Ausfahrt Waltenhofen auf die B 19 Richtung Sonthofen/Oberstdorf. An der Ausfahrt Immenstadt Ost (Rettenberg/Blaichach/Grünten/...) abfahren und weiter nach Immenstadt. Am ersten Kreisverkehr geradeaus unter der Bahnlinie hindurch Richtung Blaichach. Durch Blaichach hindurch und noch vor Bihlerdorf rechts ab und bergauf ins Gunzesrieder Tal nach Gunzesried. 300 m nach Ortsende befindet sich linker Hand eine erste Bushaltestelle mit einem größeren Parkstreifen. 800 m nach Ortsende folgt eine zweite Bushaltestelle mit etwas weniger Parkfläche. Falls hier kein Platz vorhanden ist (der eigentliche Bereich des Bushaltestelle muss unbedingt frei bleiben!!!), auf jeden Fall an dem zuvor beschriebenen Parkstreifen 500 m weiter Richtung Gunzesried parken!

Zugang
Der Straße talaufwärts bis zu einer Brücke („Hohe Brücke") folgen. Weiter an einem Haus vorbei bis zu einer Bank rechter Hand kurz vor der Abzweigung eines Feldwegs. Hinter der Bank in den Wald und linkshaltend zu einer steilen Rinne. Hier am besten ein Seilstück für Abstieg und Rückweg befestigen (jedoch nicht fix dort installieren!) und über die Rinne absteigen. Einer Pfadspur talabwärts zum Fels folgen, der direkt neben und unterhalb der Brücke steht. **Zugangszeit 10 Minuten.**

Gestein
Nagelfluh (Konglomerat).

Lage
Ca. 900 m in einem eingeschnittenen Flusstal, Mischwald. Die Wand bleibt lange feucht.

* Hohe Brücke 1.4

1	~9+	P. Haltmayr	Ansprechende Route durch grauen Streifen
2	9-/9	P. Haltmayr	Anstrengende Kletterei, kleingriffig
3	7/7+	P. Haltmayr	Unten etwas bröslig, dann schön mit tollen Kieseln
4	8-/8	P. Haltmayr	Unten etwas brüchige Angelegenheit, oben weite Züge

15 m, N

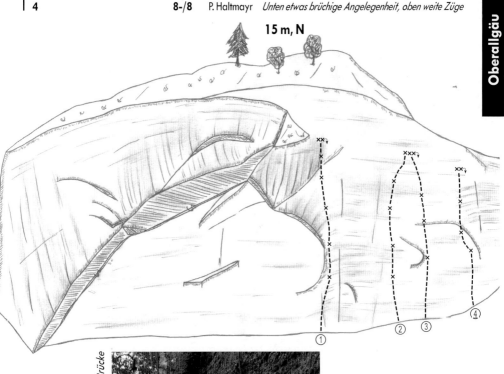

Harald Röker in einer 9-/9, Hohe Brücke

1.5 Rottachberg (Falkenstein) ****

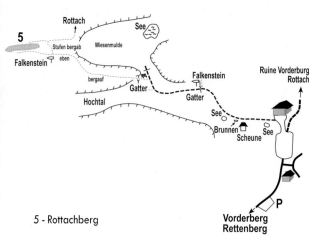

5 - Rottachberg

Einer der Hauptanziehungspunkte im Allgäu. An den steilen Wänden des Konglomeratgebietes kommen vor allem Kletterer der oberen Schwierigkeitsgrade voll auf ihre Kosten. Eine gewisse Gewöhnungsphase sollte man einplanen, denn die runden Kiesel rauben dem Konglomeratneuling doch recht schnell die letzten Kraftreserven. Die Absicherung ist von Ausnahmen abgesehen meist gut. Die einfacheren Routen sind leider zumeist eher kurz und reichen nicht an die Qualität der schwereren Touren heran.

Anfahrt
Von der A 980 Ausfahrt Waltenhofen auf die B 19 Richtung Sonthofen/Oberstdorf. An der Ausfahrt Immenstadt Ost (Rettenberg/Burgberg/Grünten/...) abfahren und weiter nach Rettenberg. An der Kirche vorbei und nach einer scharfen Rechtskurve links ab Richtung Vorder-/Hinterberg/Sterklis/Bommen. 500 m nach Ortsende links ab Richtung Vorder-/Hinterberg und steil bergauf (3 Kehren). Durch Vorderberg hindurch und einige hundert Meter weiter an einem Wanderparkplatz rechter Hand parken (1,8 km ab Abzweigung).

Zugang
Vom Parkplatz der Straße weiter nach Hinterberg zu einem weiteren Parkplatz (privat!) vor einem Hof folgen. Nun weiter auf dem Feldweg links des Bauernhauses. Nach 150 m kommt ein erstes Gatter (kann auch offen sein), 100 m weiter zweigt links eine Fahrspur ab, die in eine Art Hochtal führt. Hier nochmal 15 m rechts auf dem Hauptweg halten und dann (kurz vor einem weiteren Gatter, ebenfalls manchmal offen) links auf einen schmalen Wanderweg abzweigen, der gleich darauf an einer Bank vorbeiführt und durch ein enges Gatter in den Wald führt. Nun bergauf auf den Höhenkamm. Oben angekommen noch etwa 50 m weiter, dann rechts ab (Wegweiser) auf einen Wanderweg, der über Stufen bergab Richtung Rottach führt (blauer Punkt mit weißem Rand). Nach 60 m bei einem scharfen Rechtsknick links ab (Bretter) auf einem Pfad etwa 200 m zum Wandfuß. **Zugangszeit 15-20 Minuten.**

5 - Rottachberg

Gestein
Nagelfluh (Konglomerat).

Lage
Ca. 1100 m, Mischwald, Sonne ab Nachmittag.

Michael Gunsilius in Tanz der Geister (10-/10), Rottachberg

1.5 Rottachberg ****

Oberallgäu

Michael Gunsilius in Pro Infantibus (7), Rottachberg

Michael Kuderna in Ritter Rost (7+), Rottachberg

Markus Hoppe im Großen Falkenweg (9+), Rottachberg

Harald Röker in Das Huhn (9+), Rottachberg

Foto: Fred Voss

Foto: Walter Hölzler

**** Rottachberg 1.5

Links 25 m, W-NW

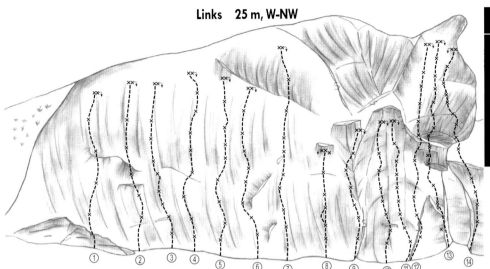

Oberallgäu

#	Name	Grad	Erstbegeher	Bemerkung
1	Echo der Bilder	9	J. Brandauer?	Bröselig, Haken auf Knick, gute Kletterei
2	Im Abendrot	8/8+	M. Klaus	Ersten Haken vorhängen
3	Blau	9+	M. Klaus	Harter Einstiegsboulder
4	Guildomanie	9-/9	J. Andreas	Klasse Route, durchgängig schwer
5	Agrimony	9	M. Klaus	Harte Einzelstelle, weiter Zug
6	Werk 3	9-	M. Klaus	Homogene Ausdauerkletterei
7			A. Schlamberger	Projekt
8	Schlumpfparade	9+/10-	A. Schlamberger	Harte Züge bis oben
9	Berlin Wall	8+	N.+O. Herrenkind	Maximale, weite Züge
10	Tanz der Geister	10-/10	A. Schlamberger/M. Klaus	Harte Boulderpassage, leichter geworden, da neue Griffe freigelegt wurden.
11	Geisterstunde	9+	M. Klaus	Kraftausdauer-Brett
12	Flaschengeist	9/9+	M. Wagner	Unten kleingriffig, oben athletisch
13	Quälgeist	10-/10	P. Haltmayr/O. Herrenkind	Harter Boulder am „Anfang", direkt über die Haken
14	Jung dynamisch & erfolglos	9-/9	P. Hoffmann	Etwas größenabhängig

- Griffe regelmäßig mit einer Zahnbürste reinigen!
- Chalk-Markierungen nach dem Klettern wieder entfernen!
- Keine Expressschlingen hängen lassen!
- Toilettengang weitab vom Fels, kein Papier liegen lassen, Fäkalien weitab vergraben!
- Weitere Erstbegehungen nur noch mit natürlichen Griffen!

1.5 Rottachberg ****

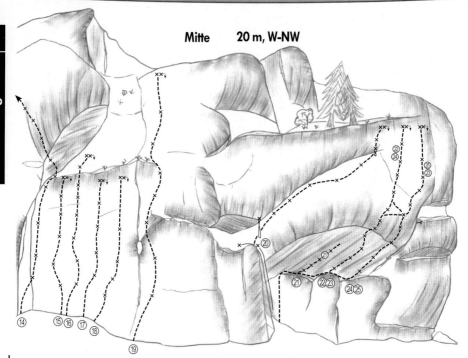

Mitte 20 m, W-NW

#	Name	Grad	Erstbegeher	Kommentar
14	Jung dynamisch & erfolglos	9-/9	P. Hoffmann	Etwas größenabhängig
15	M&M	8-	M. Schedel, M. Wagenseil	Oft nass
16	Via Cascata	7+	M. Holl	Vom Boden weg schwer
17	Alles kein Problem	8-/8	G.Martl,N.+O. Herrenkind	Sehr kleine Griffe
18	Zwerg Nase	7+	M. Holl	Wo ist die Nase?
19	Daddermändle	7+/8-	P. Hoffmann, R. Haneberg	= Bergsalamander, brüchig!
20		7	D. Gebel	Einstieg für Kleinere kein richtiger Spaß
21			O. Herrenkind	Projekt, nicht fertig gebohrt
22	Illuminati	11-/11	M. Klaus/C. Bindhammer	Härteste Route hier. Kraftausdauer-Hammer
23	Sakrileg	11-/11	C. Bindhammer	Etwas einfacher als Illuminati
24	Kreuzritter	11-	C. Bindhammer	Chri-Su Einstieg mit Illuminati-Ausstieg
25	Chri-Su	10+/11-	M. Klaus/C. Bindhammer	Kraftausdauer, passabler Schüttelpunkt
26	Holzwurm	8-/8	M. Holl	Weite Züge entlang Rissspur
27	Stairway to häven	8+/9-	T. Woletz	Weite Durchblockierer
28	Star Alliance	9-	H. Röker	Unten kleingriffig, oben athletisch
29	Quäl Dich Du Sau	9-/9	H. Hanser	Harte Passage am Überhang
30			A. Schlamberger	Projekt
31	Kleiner Falkenweg	8-	W. Hölzler	Kleingriffig, weiter Zug am Überhang
32	Großer Falkenweg	9+	W. Hölzler	Ausdauer mit Schlüssel am Schluss
33			F. Behnke	Projekt, nicht fertig gebohrt
34	Finnderlohn	10-	D. Gebel	Boulderpassage im Dach, oben im 8ten Grad
35			D. Gebel	Projekt
36	Techniker	7+	D. Anwander, R. Agostoni	Oft nass
37	Böser Bruder	7	D. Anwander, R. Agostoni	Kurz aber Oho

**** Rottachberg 1.5

35 m, W-NW   Rechts

Oberallgäu

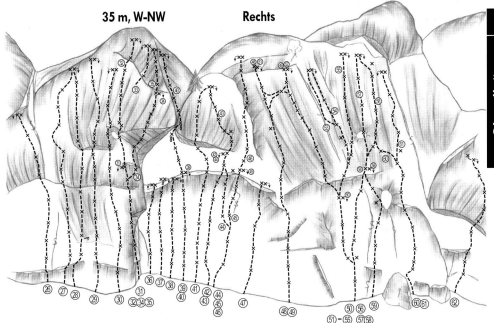

#	Name	Grade	Erstbegeher	Bemerkung
38	Pro Infantibus	7	T. Woletz	Am besten leicht rechts der Haken
39	Schatzkiste	7-/7	T. Woletz, M. Klaus	Weiter Einzelzug
40	Sonnenkönig	8+	W. Hölzler	Lange Kletterreise
41			M. Schindele	Projekt
42	Moccaaugen 1. SL	7	M. Robl	Homogene Kletterei
43	Moccaaugen	8+/9-	M. Robl	Steil mit weiten Zügen
44	Eisdiele	7+/8-	H. Röker	Variante durch kompakten Fels
45	Ritter Rost	7+	J. Schafroth	Unübersichtlich
46	Tartufo	9-/9	H. Röker	Tolle Linie und klasse Kletterei
47	Steinzeit	7+	J. Schafroth	Schwere Stelle oben
48	King of the Bongo	10+	O. Herrenkind/C. Bindh.	Zentral durch den Überhang
49	Basic Bongo	10+	M. Beuckmann	King of the Bongo, oben nach rechts
50	Eiertanz	8	M. Klaus	Ungemütlich zu klettern
51	Andiamo	11-/11	A. Bindhammer	Basica, oben nach links queren
52	Basica	11-	M. Klaus/A. Bindhammer	Am 4. BH (ab Band) linkshaltend, sonst 10+
53	Das Ei	10-	M. Klaus	Oben links zu Riss
54	Das Ei direkt	10+	M. Klaus/C. Bindhammer	Boulderartige Züge
55	Das Huhn	9+	H. Röker	Ohne das große Loch vom Regentanz
56	Regentanz 1. SL	8-	T. Woletz	Schwere Einzelstelle
57	Regentanz	8+	T. Woletz	Weite Züge
58	Flaschenzug	8+/9-	T. Woletz	Anstrengend, besonders das Klippen
59		7+	A. Sichler	Riss, zu Unrecht selten begangen
60		8+/9-	K. Jordan	Selten gekletterte Verbindung
61	Krümelmonster	8/8+	M. Robl	Großgriffig mit Überraschung oben
62	White wolf	10-	H. Röker	Komplizierte Hookerei

1.5 Rottachberg ****

Ganz rechts
30 m, W-NW

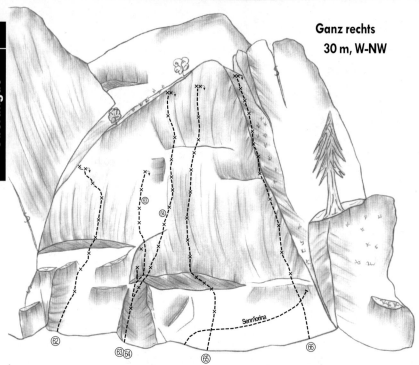

Nr.	Name	Grad	Erstbegeher	Bemerkung
62	White wolf	10-	H. Röker	Komplizierte Hookerei
63		9+	D. Gebel	Umlenkung steckt in brüchigem Gelände!
64	Schweizer Führe	9-	Schwekendiek, Beuckmann	Entlang der Haken, nicht linkshaltend!
65			H. Hanser	Projekt
66	Avalon	8-	M. Holl	Etwas brüchig!

Wolfgang Wïdder in Basic Bongo (10/10+) Foto: Archiv Wïdder

Portrait

Maximilian Klaus - weithin bekannt als d'r Maxi und zusammen mit Hubert Sauter die Seele von „Bergsport Maxi", einer der Dreh- und Angelpunkte des Allgäuer Klettergeschehens.

Schon in jungen Jahren konnte der 1972 geborene Kemptner mit Wurzeln im Bergstättgebiet bei Immenstadt Erfolge im Sport- und Wettkampfklettern erzielen und krönte seine Sturm- und Drangphase mit Podiumsplätzen im Deutschlandcup sowie Begehungen bis 10+/11- am heimischen Rottachberg.

Eben diesen Rottachberg hatte er einige Jahre zuvor auf seiner unermüdlichen Neulandsuche entdeckt und zusammen mit Freunden und Bekannten nahezu vollständig eingebohrt. Dass sich das zunächst etwas brüchig präsentierende Konglomeratgebiet zu einem der wichtigsten Sportkletterzentren des Allgäus entwickelt hat, ist nicht selbstverständlich und zum großen Teil seinem Weitblick sowie unermüdlichen Engagement bei der Erschließung zu verdanken.

Doch nicht nur am heimischen Fels ist der weltoffene Allgäuer anzutreffen. Bereits in den 90er Jahren hat er seine Spuren mit Erstbegehungen auf dem amerikanischen Kontinent hinterlassen und das Reisen in ferne Länder, sei es zum Klettern oder Bergsteigen, gehört nach wie vor zu einem der ganz wichtigen Aspekte in seinem Leben.

Dass er im Winter mittlerweile lieber auf der Loipe unterwegs ist, als sich am Plastik die Finger lang zu ziehen, tut Maxis Klettkönnen keinen Abbruch und so konnte er auch in jüngster Zeit mit Seil und auch beim Bouldern, einer seiner weiteren Lieblingsdisziplinen, beachtliche Nüsse wie *Mandala* in den kalifornischen Buttermilks knacken.

Auch der Bohrmaschine ist Maxi stets treu geblieben und so hat er nahezu alle Allgäuer Top-Routen im 11. Grad eingebohrt. Dass er es schafft, zusammen mit Hubert Sauter florierende Bergsportgeschäfte auf die Beine zu stellen und trotzdem immer wieder tolle neue Felsen für die Klettergemeinde aus dem Hut zu zaubern, scheint ausschließlich durch seine besondere Motivation möglich, denn diese zieht Maxi eindeutig aus dem Miteinander im Sport und freut sich daher gewaltig, wenn er sieht, welch Spaß und Freude das Klettern seiner Routen uns allen bereitet.

1.6 Weinberg

Kleiner Sandsteinklettergarten mit guter Absicherung, so dass die Wand sehr gut für die ersten Schritte am Fels geeignet ist. Die Routen sind zwar sehr kurz, doch durch die hervorragende Gesteinsqualität ist Kletterspaß garantiert.

Anfahrt
Von der A 980 Ausfahrt Waltenhofen auf die B 19 Richtung Sonthofen/Oberstdorf. An der Ausfahrt Immenstadt Ost (Rettenberg/Burgberg/Grünten/...) abfahren und weiter Richtung Rettenberg/Burgberg. Nach einer langen Geraden an einem Kreisverkehr rechts und über Agathazell weiter Richtung Burgberg. Bei einem alten Steinbruch befindet sich links der Straße ein großer Parkplatz (Parkplatz Erzgruben), hier parken.

Zugang
Vom Parkplatz dem Wanderweg stets bergauf und des öfteren über Stufen Richtung „Weinberg" folgen. Der kleine Klettergarten liegt wenige Meter rechts des Weges und ist von diesem aus sichtbar.
Zugangszeit ca. 15 Minuten.

Gestein
Sandstein.

Lage
Frei stehend und luftig gelegen.

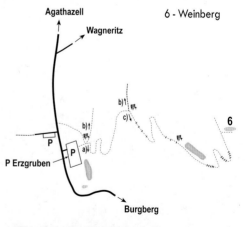

a) Weinberg-Burgberg, Stampf-Rundweg, Lehrwanderpfad
b) Agathazell, Stampf-Rundweg
c) Weinberg, Burgberg, Lehrwanderpfad

Weinberg 1.6

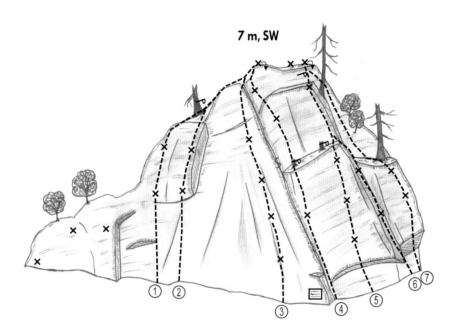

1	**4+**	*Steil, gutgriffig, kurz*
2	**4+/5-**	*Linkshaltend entlang der Kante*
3	**3**	*Schöne Platte*
4	**3-**	*Gutgriffiger Riss*
5	**4+/5-**	*Steile Wand*
6	**3-**	*Etwas verwachsener Riss*
7	**6-**	*Definiert, nicht nach links spreizen*

1.7 Burgberger Platten

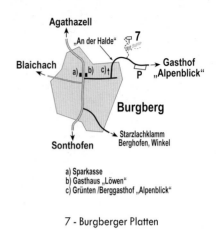

a) Sparkasse
b) Gasthaus „Löwen"
c) Grünten /Berggasthof „Alpenblick"

7 - Burgberger Platten

Kleine geneigte Platten, die extra für Kinder eingerichtet wurden.

Anfahrt
Von der A 980 Ausfahrt Waltenhofen auf die B 19 Richtung Sonthofen/Oberstdorf. An der Ausfahrt Immenstadt Ost (Rettenberg/Burgberg/Grünten/...) abfahren und weiter Richtung Rettenberg/Burgberg. Nach einer langen Geraden an einem Kreisverkehr rechts und über Agathazell nach Burgberg. Kurz nach einer auffälligen Engstelle (rechts Sparkasse, links Gasthaus Löwen) links ab („Grünten") und steil bergauf. Wenig später links ab der Ausschilderung „Grünten/Berggasthof Alpenblick" folgen („An der Halde"). Am Ortsausgang nach Schild (Alpweg ab Gasthof Alpenblick frei nur noch für Berechtigte des Alpwegverbandes) rechts auf Parkplatz.

Zugang
30 m zurück bergab und rechts ab („Haldenweg") über den Bach und bei Bank und Wegweiser rechts ab auf einem Pfad bergauf zu den Felsen.
Zugangszeit 2 Minuten.

Gestein
Kalk.

Lage
Ca. 800 m, Mischwald.

Burgberger Platten 1.7

10 m, S

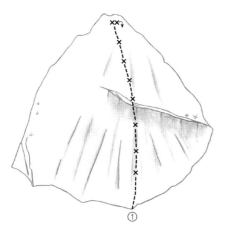

1	2	J. Schafroth 04	*Platte, Kinderroute*
2	2+	J. Schafroth 04	*Platte, Kinderroute*
3	2	J. Schafroth 04	*Platte, Kinderroute*
4	2-	J. Schafroth 04	*Gestuft, Kinderroute*

1.8 Grauer Stein **

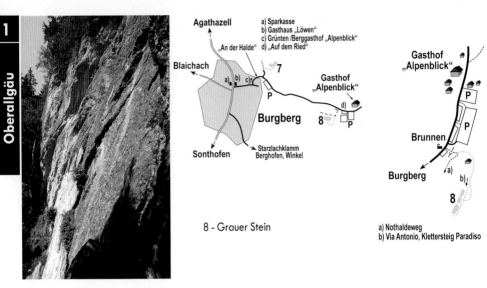

8 - Grauer Stein

a) Nothaldeweg
b) Via Antonio, Klettersteig Paradiso

Die ersten Kletterer, die hier in den 60er Jahren ihre Spuren hinterlassen haben, waren Anton Wolf und Dietmar Glaser aus Sonthofen. Am Grauen Stein findet sich eine etwas seltsame Gesteinsmischung. Zum Teil handelt es sich um Schiefer, der, da äußerst bröselig, sehr unangenehm zu beklettern ist. Der überwiegende Teil des Gebietes ist jedoch festerer Natur und kalkähnlich. Die Klettereien führen meist durch mehr oder weniger steile Platten, doch gibt es auch steile Routen mit Überhängen. Das Gebiet ist fast vollständig mit Salewa Klebehaken und Umlenkungen ausgerüstet.

Anfahrt
Von der A 980 Ausfahrt Waltenhofen auf die B 19 Richtung Sonthofen/Oberstdorf. An der Ausfahrt Immenstadt Ost (Rettenberg/Burgberg/Grünten/...) abfahren und weiter Richtung Rettenberg/Burgberg. Nach einer langen Geraden an einem Kreisverkehr rechts und über Agathazell nach Burgberg. Kurz nach einer auffälligen Engstelle (rechts Sparkasse, links Gasthaus Löwen) links ab („Grünten") und steil bergauf. Wenig später links ab der Ausschilderung „Grünten/Berggasthof Alpenblick" folgen („An der Halde"). Den Ort verlassend steil bergauf bis „Auf dem Ried" (1,5 km ab Ortsende). Rechts befindet sich ein großer gebührenpflichtiger Parkplatz, hier parken.

Zugang
Kurz vor Beginn des Parkplatzes befindet sich linker Hand ein Brunnen (bergauf fahrend, wo die Straße eben wird). Gegenüber zweigt ein Wanderweg („Nothaldeweg") ab. Diesem wenige Meter folgen und an der ersten Kehre geradeaus auf eine Wiese (schwache Pfadspur). In einem leichten Rechtsbogen unterhalb einer Hütte vorbei und auf dem jetzt wieder deutlichen Pfad zum Fels.
Zugangszeit 5 Minuten.

Gestein
Kalk, Schiefer.

Lage
Ca. 1000 m, frei stehend oder Mischwald.

** Grauer Stein 1.8

Grauer Stein, links   25 m, S

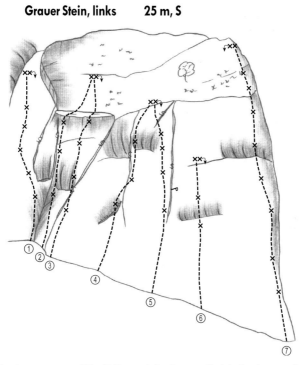

1	Elefantenrüssel	5+	H. Hanser, A. Bruchmann	Nach Ausbruch etwas schwerer, dadurch sind die ersten 2 Hakenpositionen im Moment nicht optimal
2	D'r Hit	7	H. Hanser	Etwas verwahrlost
3	König der Drahtbürste	6+	H. Hanser	Der Name sagt es bereits
4	Teurer Käse	7?	H. Hanser	Sehr dreckig und moosig
5	Krampfader	8+	H. Hanser	Ebenfalls etwas vermoost
6	Fegefeuer	8+	H. Hanser	Sehr kurz
7	Osterei	8+	H. Hanser	Alte A1-Route von A. Wolf ging oben rechts

Michael Gunsilius im Recycler (8-/8), Grauer Stein

** Grauer Stein 1.8

40 m, O-SO

Grauer Stein, zentral

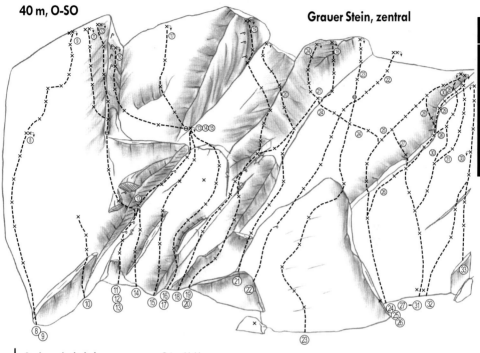

#	Name	Grade	First Ascent	Comment
8	Jump included	8+	H. Hanser	
9				Verlängerung zu „Jump included"
10				Projekt
11				Linksvariante zum „Recycler"
12	Recycler	8-/8	H. Hanser	Frühere Technotour, A1, A. Wolf
13	Kante	6		Klassische Linie
14				Projekt
15	Tour de France	8	H. Hanser	Ob da kräftig strampeln hilft?
16	C'est la vie Alina	7	H.&H. Sommer	Alina ist der neuere obere Teil
17	Alptraum	7+	M. Robl	
18	Rampenführe	6-	A. Wolf	Toller Klassiker
19	H3	6+/7-	H.&H.Sommer, H. Martin	Kräftig zupacken ist angesagt, klasse Route
20	Seitensprung	7+	J. Schafroth	
21	Lisa Furche	3+	H.&H. Sommer	
22	Sommerzeit	4+	H.&H. Sommer, A. Wolf	
23	Grauzone	6+	H.&H. Sommer	Brüchiger geht nimmer!!!
24	Oase Vertikal	7-	H.&H. Sommer	Lange Route nach links oben
25	Oase	7-	H.&H. Sommer	Es war einmal eine Oase der Ruhe...
26	Oase Moral	6+	H.&H. Sommer	Nur für moralisch gefestigte Geher
27	Variante	6	H.&H. Sommer	
28	Variante	6	H.&H. Sommer	
29	Spinnenriss	6	H.&H. Sommer	Auch Kleinstlebewesen fühlen sich hier wohl
30	Direkte Platte	6+	H.&H. Sommer	Weite Abstände in plattigem Gelände
31	Platte	6-	D. Glaser	Der Klassiker des Gebiets
32	Trockner Steg	5+	H.&H. Sommer	Bei Regen bleibt nur der Steg
33	Kurzer Steg	5	H.&H. Sommer	Bis oben: Langer Steg, 5+

Portrait

Oberallgäu

Hermine und **Heinz Sommer**, die beiden gehören zweifellos zum Urgestein der Allgäuer Kletterszene. Das unschlagbare Team hat sich vor 25 Jahren bei einer geführten Bergtour kennen gelernt, Heinz war der Bergführer, Hermine Teilnehmerin der geführten Gruppe. Damals hat es gefunkt und seither gehen sie als Ehepaar und Seilschaft gemeinsam durchs Leben.

Heinz hatte damals schon ein buntes Kletterleben hinter sich, war Mitglied einer Expedition im russischen Pamir Alaj Gebirge und hat dort mit seinem russischen Kletterkameraden Edi eine 1000 m Wand erstbegangen deren Gipfel seitdem den Namen Pik Berg-Echo (4094 m) trägt. In den Allgäuer Bergen hat sich Heinz der Nassen Wand am Grünten angenommen. Zusammen mit seinen Kletterfreunden Wolfgang und Kurt hat das Trio bereits 1973/74 die erste Route durch die mächtige Wand gelegt und damit den Grundstein für die weitere Erschließung in den kommenden Jahren. Als Bergwachtmann hat Heinz viele Male Leben und Gesundheit bei der Bergung Verunglückter eingesetzt und war dort als Einsatzleiter und Ausbilder tätig.

Zusammen sind Heinz und Hermine weit herumgekommen. Klettergebiete wie Montserrat und Meteora sind ihnen genauso wenig fremd wie Hochtouren am Olymp oder Matterhorn. Ihr Leben ist in Sachen Bergsteigen, Klettern, Skitouren sowie Tiefschneefahren immer ausgefüllt gewesen. Das Wichtigste beim Klettern ist für Heinz nicht das Bezwingen einer Route, sondern die Geschichten und Erlebnisse am Rande, die sich unauslöschlich ins Gedächtnis eingraben und so dem Sport etwas Einzigartiges verleihen.

Im Verein „Sicheres Klettern Tannheimer Berge" waren die beiden nicht nur Mitglied, sondern, wie könnte es anders sein, immer auch aktiv tätig.

Sportklettern war für Heinz und Hermine früher immer nur das notwendige Training für ihre alpinen Unternehmungen. Heute, wo die Knochen nicht mehr alles mitmachen, bevorzugen die beiden den Klettergarten mit kurzem Zugang. Der Graue Stein bei Burgberg wurde zum idealen Ziel und wird bis heute von den beiden erfahrenen Kletterhasen liebevoll betreut und in Schuss gehalten. Zur mühevollen Tätigkeit und ihrer besonderen Beziehung zum Klettergarten erzählt uns Hermine:

„Der Graue Stein hatte es uns schon immer angetan, er war eine Oase der Erholung und der Stille. Vor über 20 Jahren gab es nur wenige Routen, zum Großteil von Anton Wolf, der die geschlagenen Felshaken zusätzlich zementierte. Inspiriert von der damaligen Ruhe, kam immer wieder eine neue Route dazu, was mit viel Arbeit verbunden war. Es wurde saniert, resaniert, bis wir vor ein paar Jahren die jetzigen Geklebten setzten. Dazu kamen die „modernen" Umlenkhaken. Früher ist man die Seillänge geklettert, hat oben mit einer Schlinge um den Baum Stand gemacht und hat auf Grund der Seillängen zweimal abseilen müssen. Durch die heutigen 60-70 m langen Seile ist das nicht mehr nötig. Unsere nächste Maßnahme wird jetzt noch das Absichern der Umlenker mittels zweitem Verbundmörtelhaken in Verbindung mit einer Kette nach den neuen Standardrichtlinien sein."

Nur ein kleiner Einblick, aber er zeigt doch, wie viel Mühe und Arbeit sich die beiden mit „ihrem" Grauen Stein gemacht haben. Dass mittlerweile, nicht nur durch die Veröffentlichung ihres Kleinods, manchmal ziemlich viel am Fels los ist, stimmt die beiden eher etwas traurig. Sie vermissen die ruhige und familiäre Atmosphäre vergangener Tage, der Rummelplatz Grauer Stein ist nicht ihre Welt.

Wenn es dann irgendwann mit dem Klettern gar nicht mehr gehen sollte, wollen sich die beiden ihren anderen Hobbys, dem Radfahren, Fotografieren und Skifahren widmen. Egal was es sein wird, wir wünschen den beiden jedenfalls immer viel Freude dabei.

** Grauer Stein 1.8

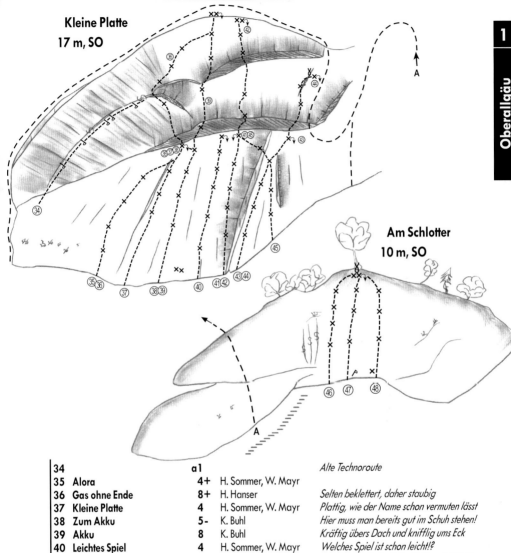

34		a1		Alte Technoroute
35	Alora	4+	H. Sommer, W. Mayr	
36	Gas ohne Ende	8+	H. Hanser	Selten beklettert, daher staubig
37	Kleine Platte	4	H. Sommer, W. Mayr	Plattig, wie der Name schon vermuten lässt
38	Zum Akku	5-	K. Buhl	Hier muss man bereits gut im Schuh stehen!
39	Akku	8	K. Buhl	Kräftig übers Dach und knifflig ums Eck
40	Leichtes Spiel	4	H. Sommer, W. Mayr	Welches Spiel ist schon leicht!?
41	Lupo	3+	H.&H. Sommer	Für den „Entdecker" des Gebiets A. Wolf
42	Pas de deux	7+	A. Bruchmann	Tolle Route, etwas staubig
43	Zum Alfonso	3	H.&H. Sommer	Für „Alfonso" vom Alpenblick
44				2. Länge, verwahrlost
45	Pro Oase	3+	H.&H. Sommer	Führt oben nach links
46	Psycho	4	H.&H. Sommer	Der anspruchslose, ruhebedürftige Kletterer
47	Tschester	4-	H.&H. Sommer	kann hier mit etwas Glück eventuell den einen
48	Via Fritz	4+	H.&H. Sommer	oder anderen festen Griff genießen
A	Klettersteig „Via Paradiso"	D-E	A. Wolf	Schwerer Klettersteig, hier heißts zupacken!

1.9+1.10 Starzlachklamm+Nebenfelsen ***

Noch eines der für den Allgäuer Raum doch eher untypischen Überhangs-Klettergebiete. Das Gestein ist ziemlich glatt und kann an heißen Tagen sehr unangenehm zu beklettern sein. Ansonsten gilt: Eine gute Athletik kann hier nicht schaden. Die Absicherung ist von Ausnahmen abgesehen gut.

Anfahrt
Von der A 980 Ausfahrt Waltenhofen auf die B 19 Richtung Sonthofen/Oberstdorf. An der Ausfahrt Immenstadt Ost (Rettenberg/Burgberg/Grünten/...) abfahren und weiter Richtung Rettenberg/Burgberg. Nach einer langen Geraden an einem Kreisverkehr rechts und über Agathazell nach Burgberg. Kurz nach einer auffälligen Engstelle (rechts Sparkasse, links Gasthaus Löwen) links ab („Grünten") und steil bergauf. Wenig später links ab der Ausschilderung „Grünten/Berggasthof Alpenblick" folgen („An der Halde"). Den Ort verlassend steil bergauf bis „Auf dem Ried" (1,5 km ab Ortsende). Rechts befindet sich ein großer gebührenpflichtiger Parkplatz, hier parken.

Zugang
Vom Parkplatz bergauf der Straße vorbei am Gasthof „Alpenblick" folgen. 30 m nach dem Gasthaus rechts auf einen Feldweg Richtung Starzlachklamm. Dem breiten Weg bis zu einer Linkskehre folgen. Hier geradeaus durch ein Gatter weiter Richtung Starzlachklamm. Dem Wanderweg über eine Wiese zum gegenüberliegenden Waldrand folgen, dann bergab (Stufen) zum Wandfuß.
Zu den Nebenfelsen dem Wanderweg weiter bergab Richtung Klamm folgen.
Zugangszeit 10 Minuten.

Gestein
Kalk.

Lage
Ca. 1000 m, Mischwald, Morgens Sonne.

*** Starzlachklamm 1.9

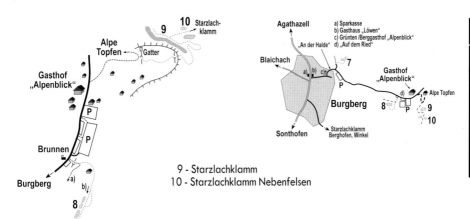

9 - Starzlachklamm
10 - Starzlachklamm Nebenfelsen

a) Nothaldeweg
b) Via Antonio, Klettersteig Paradiso

20 m, O
Ganz links

#	Name	Grad	Erstbegeher	Bemerkung
1	Via Vino Rosso	7-	J. Schafroth	Klasse Route mit Abschluss-Dach
2	Kleine Fledermaus direkt	8-	W. Hölzler	Kurze Variante
3	Kleine Fledermaus	6		Der Klassiker am Fels!
4	Plattenvariante	6+	J. Schafroth	Oben mehr oder weniger direkt
5	Neue Fledermaus	7	H. Sommer	Neuer, plattiger Direktzustieg
6	Pepperfreakweg	8-	J. Schafroth	Kleingriffige Wandkletterei

Oberallgäu

41

1.9 Starzlachklamm ***

Links   25 m, O

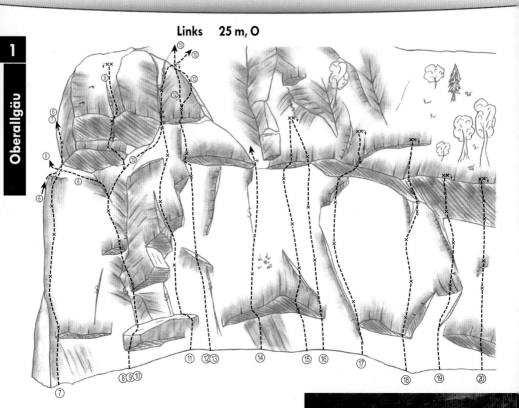

Michael Gunsilius in Phantom (9), Starzlachklamm

*** Starzlachklamm 1.9

17 m, O **Mitte, links**

Oberallgäu — 1

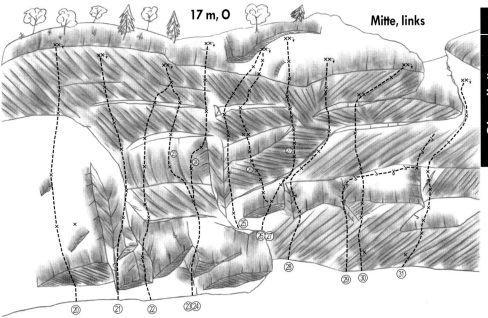

7	Föhn	9-/9	J. Schafroth	Super Kantenkletterei, harte Einhänger!
8	Fledermaus	6+		Klassische Route neu gesichert
9	Lay down Sally	8+	Wimmer, Hanser	Lockerer Griff über Dach!
10	Verschneidung	6-		2. SL besser meiden!
11	A different kind of crazy	8-/8	Wimmer, Hanser	Interessanter Zug in die Verschneidung
12	Hydromanie direkt	8		Griffarm direkt zur Umlenkung
13	Hydromanie	7+	J. Schafroth	Unten gute Route, 2. SL sehr heikel!
14	Senza nome	7?	P. Götzfried?	Alte Route, besser Finger weglassen!
15	Rain man	8+	H. Wimmer?	
16	Meniac	8+	H. Wimmer?	
17	Hebby day	8	H. Hanser	
18	Momo	8?		
19	Burn baby burn	8+	H. Hanser	
20	Hangover	9?	H. Wimmer	War 9- mit Bank-Einstieg
21	Phantom	9	H. Wimmer	Weite Züge oben raus
22	Go big or go home	9+/10-	H. Wimmer	Klasse Powerroute
23	Gib ihm Saures	10-	H. Wimmer	Körperspannung ist hier gefragt
24	Nightmare	9-	H. Wimmer	Oben unsinnigerweise verlängert
25	Wehe wenn sie losgelassen	9?	H. Wimmer	Nach Griffausbruch härter
26			H. Röker	Projekt
27			H. Röker	Roter Streifen, Projekt
28	Zur Sache Schätzchen	10-..10/10+	Wimmer/J.Gottfried	Seltenst probiert, sehr größenabhängig
29		a1		Alte Technoroute
30	Chickenlegs	9+/10-	P. Götzfried	Technisch interessante Kraftkletterei
31	Enterprise	9+	P. Götzfried	Tolle Route, Power und Technik gefordert

1.9 Starzlachklamm ***

Mitte, rechts   20 m, O

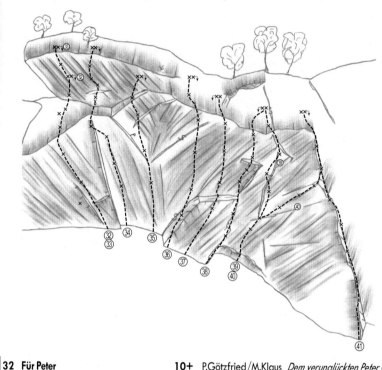

Nr.	Name	Grad	Erstbegeher	Bemerkung
32	Für Peter	10+	P.Götzfried/M.Klaus	Dem verunglückten Peter Götzfried gewidmet
33	Peter und der Wolf	10+/11-	Götzfried,Klaus	Verlängerung, 1. Beg. C. Bindhammer
34	Denn sie wissen nicht was sie tun		H. Wimmer	Projekt
35	Wo ein Wille ist, ist auch ein Weg	9/9+	H. Wimmer	Man muss nur wollen...
36	Easy Rider	9/9+	H. Wimmer	Geniale Kletterei
37	Berg Heil!	9+	H. Wimmer	1. Haken sitzt hoch, viele lockere Blöcke!
38	Highway to hell	9+	H. Wimmer	Gute Route, einige lockere Blöcke!
39	Siebenschläfer	8+	J. Schafroth	Perfekter Riss, DIE „Aufwärmroute"
40	Everdry	9+	H. Hanser	Querung an seichten Griffen
41	Snoopy	8/8+	P. Götzfried	Schöne und anspruchsvolle Kantenkletterei
42	Der leuchtende Pfad	9	H. Hanser	
43	Off road	9-	H. Wimmer	
44	Touch too much	9	H. Hanser	
45	Hells bells	8-	H. Hanser	
46	Spiel mit	8-	H. Wimmer	
47	Kuckucksei	8-	H. Wimmer	
48	Zerreißprobe	8	H. Wimmer?	
49	Joyride	8	Wimmer, Hanser	
50	Funky Town	7+/8-	P. Götzfried	Ehemals „Sonnenpfeiler" (Techno)
51	Quickrenner	8+	M. Schafroth	

Florian Behnke in Chickenlegs (9+/10-), Starzlachklamm

*** Starzlachklamm 1.9

Rechts 25 m, O-SO

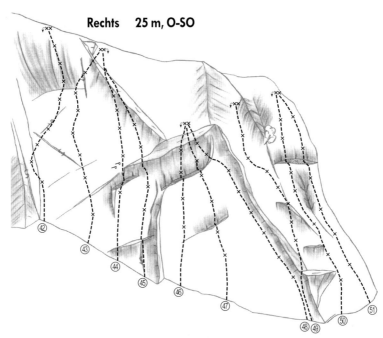

1.10 Starzlachklamm Nebenfelsen

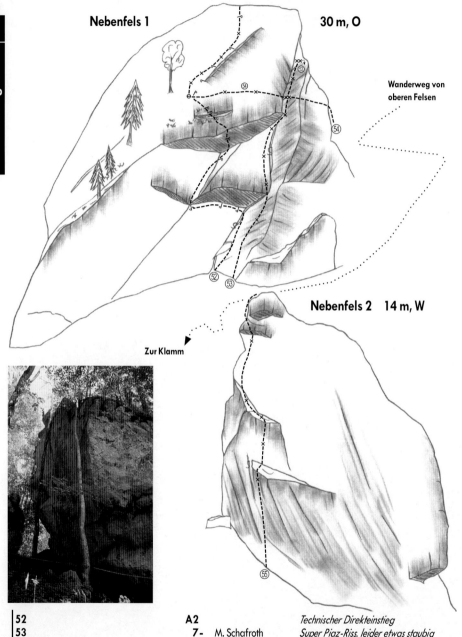

52		A2	Technischer Direkteinstieg
53		7- M. Schafroth	Super Piaz-Riss, leider etwas staubig
54	Grautvornix	6-| 6+ J. Schafroth	Ziemlich brösliger Fels
55	Fortsetzung folgt	8 G. Füß	Oben etwas grün zum Ausstieg

* Stuhlwand 1.11

Entdeckt noch vermutlich in den 60er Jahren vom Bergschulleiter Udo Zehetleitner aus Burgberg. Sein Freund Herbert, unten im Tal, hatte am Tag der Allein-Erschließung der Stuhlwandplatte ein ungutes Gefühl. Tatsächlich fand er den abgestürzten Kamerad Udo am Wandfuß und konnte ihn in einem beispiellosen Kraftakt gerade noch rechtzeitig ins Tal nach Burgberg bringen.

Schön gelegenes Klettergebiet mit einigen interessanten Linien.

Oberallgäu

Anfahrt
Von der A 980 Ausfahrt Waltenhofen auf die B 19 Richtung Sonthofen/Oberstdorf. An der Ausfahrt Immenstadt Ost (Rettenberg/Burgberg/Grünten/...) abfahren und weiter Richtung Rettenberg/Burgberg. Nach einer langen Geraden an einem Kreisverkehr rechts und über Agathazell nach Burgberg. Kurz nach einer auffälligen Engstelle (rechts Sparkasse, links Gasthaus Löwen) links ab („Grünten") und steil bergauf. Wenig später links ab der Ausschilderung „Grünten/Berggasthof Alpenblick" folgen („An der Halde"). Den Ort verlassend steil bergauf bis „Auf dem Ried" (1,5 km ab Ortsende). Rechts befindet sich ein großer gebührenpflichtiger Parkplatz, hier parken.

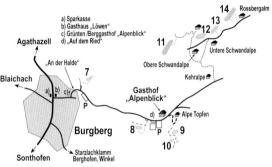

11 - Stuhlwand

Zugang
Vom Parkplatz der Straße bergauf vorbei am Gasthof „Alpenblick" folgen. Bei Straßengabelung links und vorbei an Materialseilbahn und Rasthütte weiter bis zur Abzweigung „Kehralpe". Hier links und bergauf zur Alpe. Von hier dem Wanderweg steil bergauf zur Oberen Schwandalpe folgen. Von hier dem Wanderweg Richtung Gipfel Grünten/Grüntenhaus folgen. An Weggabelung links, in mehreren Kehren bergauf bis kurz unterhalb des Stuhlwandsattels. Hier links ab auf schwacher Pfadspur zu den Einstiegen. **Zugangszeit 75 Minuten.**

Gestein
Kalk.

Lage
Ca. 1500 m, frei stehend.

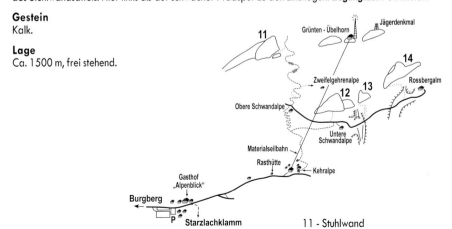

11 - Stuhlwand

1.11 Stuhlwand *

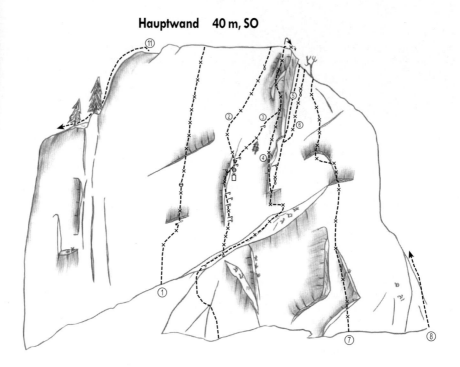

Hauptwand 40 m, SO

#	Name	Grad	Erstbegeher	Bemerkung
1			R. Treppte	Projekt
2	Stuhlwandplatte direkt	8-	R. Treppte	
3	Stuhlwandplatte	6+ | 6+	U. Zehetleitner	Auch „Gelbe Platte" genannt
4	Kantenvariante	7+	R. Treppte	Wenn man höher quert, ist es 6 (J. Schafroth)
5	Kamin	5		
6	Luusingvariante	7		
7			G. Füß	
8	Kante	3		
9	Kleiner Mann was nun	7-	J. Schafroth	Toprope (NW-Seite, ohne Topo)
10	Pauliriss	5+		Keile! (NW-Seite, ohne Topo)
11	Stuhlwandgrat	2+		Ausgesetzte Gratkletterei, Einstieg auf NW-Seite
12	Karnickelweg	4		(NW-Seite, ohne Topo)

*** Nasse Wand 1.12

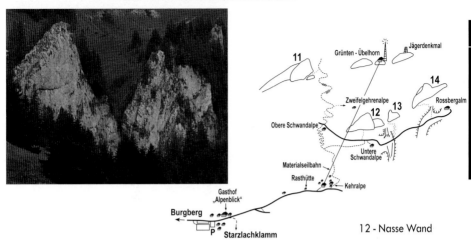

12 - Nasse Wand

Mächtige Wand mit einigen beeindruckenden Mehrseillängen Routen. Der etwas längere Anstieg bietet im Gegenzug eine schöne Sicht und zumeist viel Ruhe. Meist trocken, obwohl der Name dies nicht vermuten lässt.

Anfahrt
Von der A 980 Ausfahrt Waltenhofen auf die B 19 Richtung Sonthofen/Oberstdorf. An der Ausfahrt Immenstadt Ost (Rettenberg/Burgberg/Grünten/...) abfahren und weiter Richtung Rettenberg/Burgberg. Nach einer langen Geraden an einem Kreisverkehr rechts und über Agathazell nach Burgberg. Kurz nach einer auffälligen Engstelle (rechts Sparkasse, links Gasthaus Löwen) links ab („Grünten") und steil bergauf. Wenig später links ab der Ausschilderung „Grünten/Berggasthof Alpenblick" folgen („An der Halde"). Den Ort verlassen steil bergauf bis „Auf dem Ried" (1,5 km ab Ortsende). Rechts befindet sich ein großer gebührenpflichtiger Parkplatz, hier parken.

Zugang
Vom Parkplatz der Straße bergauf vorbei am Gasthof „Alpenblick" folgen. Bei Straßengabelung links und vorbei an Rasthütte und Materialseilbahn weiter bis zur Abzweigung „Kehralpe". Hier links und bergauf zur Alpe. Von hier dem Wanderweg steil bergauf Richtung Grünten/Alpe Schwande folgen. Bei einer Abzweigung zur Alpe Rossberg rechts ab und hangparallel zur Unteren Schwandalpe. Wenige Meter vor Erreichen der Almhütte links hoch auf einen breiten Querweg. Ungefähr 100 m Meter nach links, rechts ab und über Grasschneise steil bergauf zum sichtbaren rechten Wandende. Der Nebenfels befindet sich weiter rechts im direkten Anschluss.
Zugangszeit 50 Minuten.

Gestein
Kalk.

Lage
Ca. 1350 m, Nadelwald oder frei stehend, Nebenfels Mischwald.

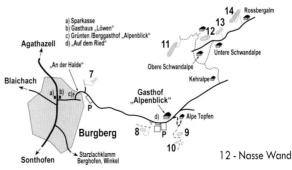

12 - Nasse Wand

1.12 Nasse Wand ***

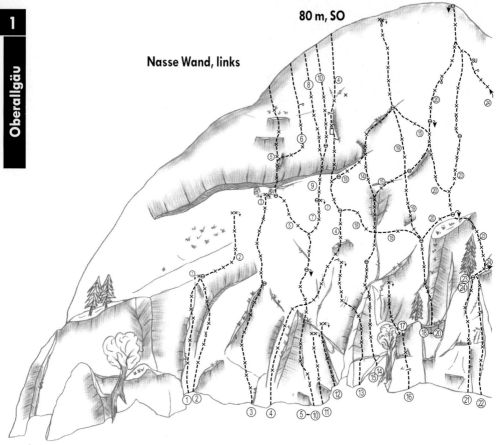

80 m, SO

Nasse Wand, links

1	Whisky & Gin	7-	R.+W. Schafroth	Anstrengender Piaz, oben wacklige Passage
2	Dolce Vita	7 | 6	G. Füß	Riss, dann Wand mit kleinen Leisten
3	Der ganz normale Wahnsinn	7 | 7+	R.+J. Schafroth	Schwere Wandstelle in der 2. Seillänge
4	Kurt Sawade Ged.-Weg	9-/9	Sommer, Sawade	Alte Nasse Wand, 7/A0, von 1973/74
5	Catweazle	7 | 8 | 6, A1	J. Schafroth	Vor allem die 2. SL bietet tolle Kletterei
6	Catweazle Variante	7+, A1	J. Schafroth	Ausstiegsvariante zu Catweazle
7	Vergiss Verdon	7 | 8- | ?	R. Treppte	Kleingriffige Plattenvariante
8				
9			R. Treppte	Verbindung zu Grüntengold, keine RP-Begehung
10	Grüntengold	8+	J. Schafroth	Knackige Platte in der 3. SL
11	Louisianna Red	7	J. Schafroth	Athletisch
12	Rudi Rallala	7-	J. Schafroth	Piaz mit Überraschung zum Schluss
13				Projekt
14	Blinde Kuh	7 | 9- | 8-	C. Günther?	Harte Platte mit Runout
15	Hurga Hurga	7 | 8+ | 8- | 8-	J. Schafroth	Anhaltend schwere Route im zentralen Wandbereich
16	Lega Lumbarda	5+	J. Schafroth	Das Leichtgewicht am Fels

*** Nasse Wand 1.12

80 m, SO

Nasse Wand, rechts

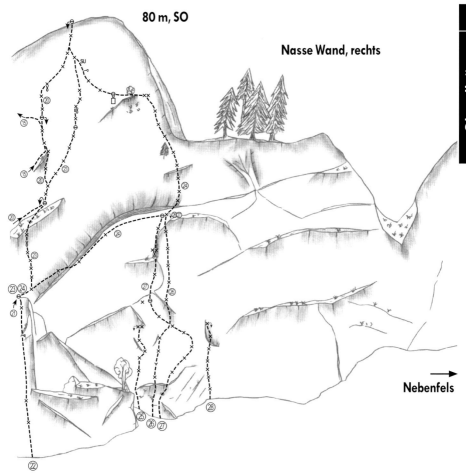

Nebenfels

17	Elefantenbauch	7-	J. Schafroth	
18	Spring ins Feld	6- | 7- | 8- | 8- | 8-	J. Schafroth	Schwerer Klassiker, auch „Spring ins Seil" genannt
19	Neue Linie	6- | 9- | 8-	J. Mohyla	
20	Immer diese Auswärtigen	6- | 6 | 8- | 8-	Prause, Treppte	
21	Hurli Burli	6+	J. Schafroth	
22	Eine Illusion	7	P. Haberstock	
23	Rentnerpfad	7 | 7+ | 8-	Prause, Treppte	Schöne und sehr homogene Route
24	Novembertraum	6- | 7+ | 7	J. Schafroth	Einfachste Möglichkeit bis ganz nach oben
25	Kurz und bündig	8+	B. Prause	
26	Bernis 3.	8+	R. Treppte	Großzügige Linie
27	Sachsenrid	7 | 8- /8	Prause, Treppte	Ehemals „Woohpie", aber ohne Haken
28			R. Treppte	Projekt, hört in Wandmitte auf, bis dahin ~7

1.12 Nasse Wand Nebenfels ***

Nasse Wand Nebenfels   15-50 m, SO

29	Herbstmilch	8-	Pepperfreaks
30	Tächtel-Mächtel	7	Pepperfreaks
31	Spiel ohne Grenzen	8+	Wimmer, Hanser
32	Pfanne Franz	8+	Wimmer, Hanser
33	Märchenprinz	9-	Wimmer, Hanser
34	Tanz in den Mai	8-/8	Wimmer, Hanser
35	Fishermans friend		Pepperfreaks *Mehrseillängenroute über Pfeiler*

Freggelstein 1.13

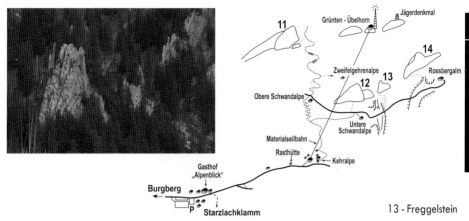

13 - Freggelstein

Kein wirkliches Muss für den gelegentlichen Allgäubesucher. Die Südkante (am linken Rand des Massivs, hierher gelangt man direkt, falls man die Aufstiegs-Pfadspur gefunden hat) ist sicher die beste Route am Fels. Der Fels hat seinen etwas eigenartigen Namen von den Pepperfreggels, den Anwärtern auf den Rang eines richtigen Pepperfreaks.
Links oberhalb des Freggelsteins befindet sich ein großer Block mit der eingebohrten Rissroute „Isabella" (6+) von Gebhard Füß.

Anfahrt
Siehe Nasse Wand auf Seite 49.

Zugang
Vom Parkplatz der Straße bergauf vorbei am Gasthof „Alpenblick" folgen. Bei Straßengabelung links und vorbei an Materialseilbahn und Rasthütte weiter bis zur Abzweigung „Kehralpe". Hier links und bergauf zur Alpe. Von hier dem Wanderweg steil bergauf Richtung Grünten/Alpe Schwande folgen. Bei einer Abzweigung zur Alpe Rossberg rechts ab und hangparallel zur Unteren Schwandalpe. Wenige Meter vor Erreichen der Almhütte links hoch auf einen breiten Querweg. Auf diesem nach rechts Richtung Alpe Rossberg. Oberhalb der Unteren Schwandalpe führt der Weg zunächst durch Wald bergauf, dann aus dem Wald heraus und leicht bergab. Ehe der Weg erneut in den Wald führt, befindet sich links oberhalb eine Steilstufe (Lawinenrinne/Bachrinne). Am Waldrand links ab, weglos bergauf, rechts an einer Felsstufe vorbei und auf schwer zu findender Pfadspur in Kehren zum linken Ende des Freggelsteins. Die Wand befindet sich rechts der zuvor erwähnten Lawinenrinne/Bachrinne. **Zugangszeit 65 Minuten.**

70 m, S-SO

Gestein
Kalk.

Lage
Ca. 1350 m, Mischwald.

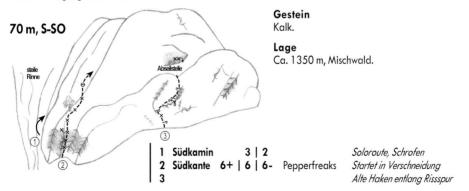

1	Südkamin	3	2		Soloroute, Schrofen
2	Südkante	6+ | 6 | 6-	Pepperfreaks	Startet in Verschneidung
3				Alte Haken entlang Rissspur

1.14 Rossberg ****

Ein reichhaltiges Angebot an Wandklettereien lockt vor allem Kletterer der mittleren Schwierigkeitsgrade in die rauen Kalkwände. Teilweise stecken die ersten Haken recht hoch, ansonsten ist die Absicherung gut.

Anfahrt
Von der A 980 Ausfahrt Waltenhofen auf die B 19 Richtung Sonthofen/Oberstdorf. An der Ausfahrt Immenstadt Ost (Rettenberg/Burgberg/Grünten/...) abfahren und weiter Richtung Rettenberg/Burgberg. Nach einer langen Geraden an einem Kreisverkehr rechts und über Agathazell nach Burgberg. Kurz nach einer auffälligen Engstelle (rechts Sparkasse, links Gasthaus „Löwen") links ab („Grünten") und steil bergauf. Wenig später links ab der Ausschilderung „Grünten/Berggasthof Alpenblick" folgen („An der Halde"). Den Ort verlassend steil bergauf bis „Auf dem Ried" (1,5 km ab Ortsende). Rechts befindet sich ein großer gebührenpflichtiger Parkplatz, hier parken.

Zugang
Vom Parkplatz der Straße bergauf vorbei am Gasthof „Alpenblick" folgen. Bei Straßengabelung links und vorbei an Materialseilbahn und Rasthütte weiter bis zur Abzweigung „Kehralpe". Hier links und bergauf zur Alpe. Von hier dem Wanderweg steil bergauf Richtung Grünten/Alpe Schwande folgen. Bei einer Abzweigung zur Alpe Rossberg rechts ab und hangparallel zur Unteren Schwandalpe. Wenige Meter vor Erreichen der Almhütte links hoch auf einen breiten Querweg. Auf diesem nach rechts Richtung Alpe Rossberg. Kurz vor Erreichen der Alpe Rossberg bei Steinmann links ab über Zaun (größere Waldschneise). Pfadlos bergauf über die Wiese, erneut über einen Zaun, zuerst geradeaus, dann leicht nach rechts und anschließend wieder links haltend bergauf. Mit viel Glück und einer soliden Pfadfinderausbildung erreicht man schließlich eine ausgeprägte Pfadspur, die schräg links bergauf zum linken, unteren Ende des Rossbergs führt.
Zugangszeit 75 Minuten.

Gestein
Kalk.

Lage
Ca. 1450 m, Mischwald oder frei stehend.

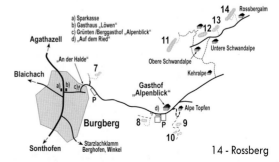

**** Rossberg 1.14

Linker Teil 30 m, O-SO

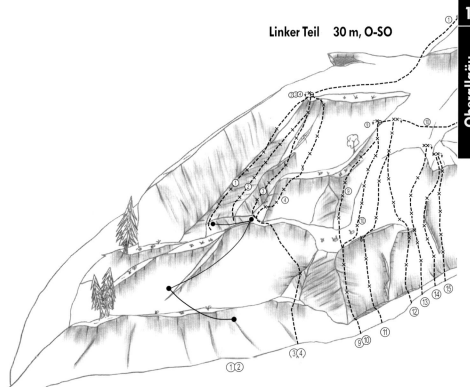

#	Name	Grad	Erstbegeher	Bemerkung
1	Cooler Oskar	6 | 4 | 4 | 7+	Pepperfreaks	Rampenverschneidung mit kompaktem Fels
2	Slick Trip	6+	J. Schafroth	Platte knapp neben Oskar
3	Käpt'n Iglo	6+	J. Schafroth	Verschneidung dann stumpfer Pfeiler
4				
5	Traumtänzer	8	W. Hölzler	
6	Ungeduld ?	8+/9-		Evtl. Sauter, Heberle 1. Rotpunkt
7	Rauchende Bolts	9-	J. Schafroth	
8	Luftikus	6+ | 7+	J. Schafroth	
9	Weichei	7-	J. Schafroth	Genuss im oberen Teil
10	Quälgeist	7- | 2 | 6 | 7-	M.+J. Schafroth	Harter Start, besonders für Kleine
11	Schneckentempo	8/8+	G. Füß	Unten kleingriffig, oben super rund
12	Krisenweg	8-	G. Füß	Oben ist gut stehen angesagt
13	Garfield	7	J. Schafroth	Super Route, weite Züge
14	Fang den Luke	6+	R.+W. Schafroth	Hart nach rechts ins Eck rein
15	Abwärts	8+/9-	R.+W. Schafroth	Rundere Griffe gibt es kaum mal

1.14 Rossberg ****

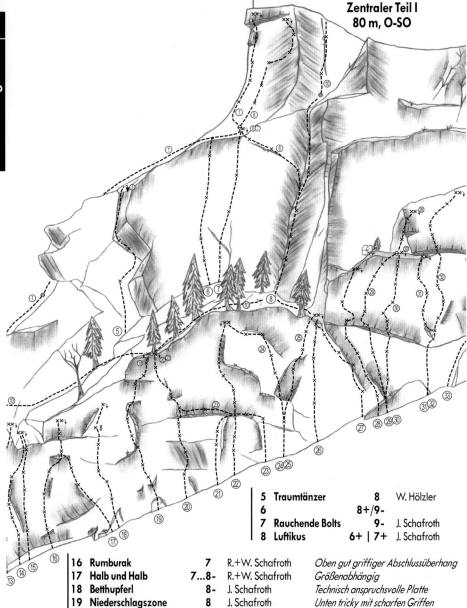

Zentraler Teil I
80 m, O-SO

5	Traumtänzer	8	W. Hölzler
6		8+/9-	
7	Rauchende Bolts	9-	J. Schafroth
8	Luftikus	6+ | 7+	J. Schafroth

16	Rumburak	7	R.+W. Schafroth	Oben gut griffiger Abschlussüberhang
17	Halb und Halb	7...8-	R.+W. Schafroth	Größenabhängig
18	Betthupferl	8-	J. Schafroth	Technisch anspruchsvolle Platte
19	Niederschlagszone	8	J. Schafroth	Unten tricky mit scharfen Griffen
20	Heißes Pflaster	8+	G. Füß	Löcher unten oft lange nass
21	My friend Edgar	7	J. Schafroth	Seitschuppen
22	Our friend Batzi	7+	B. Prause	Eher kleingriffig
23	Quer und schwer	7	J. Schafroth	

**** Rossberg 1.14

Zentraler Teil II 60 m, O-SO

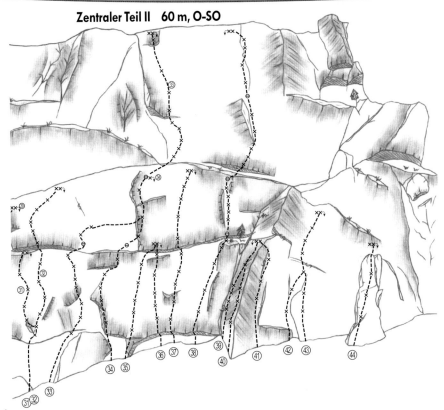

Nr.	Name	Grad	Erstbegeher	Bemerkung
24	Elefantentanz	7	Pepperfreaks	Teils etwas grasig
25	Moskovskaya	7-	Pepperfreaks	Super Route, Zustieg für oben
26	Dingsda	7+	Pepperfreaks	Oben eng an „Moskovskaya"
27	Teefürzweifix	6	Pepperfreaks	Leichtester Weg im zentralen Bereich
28	Vom Winde verweht	8-	G. Füß	Schwerer Untergriffzug am kleinen Dach
29	Malheur de Verhör	7+/8- | 7+	J. Schafroth	Harte Passage, oben einfach schön
30	Doofe Brüder	8	M.+W. Schafroth	Wer ist da wohl mit gemeint?
31	Mächtig verdächtig	7+	R. Schafroth	Vom Vorbau weg trickreich
32	Ohne Wampe keine Chance	8	R. Treppte	Lange Route mit Abschlussüberraschung
33	Banana Blue	8- | 7+ | 7+	R. Schafroth	Geniale erste Länge
34	Wallers letzter Gang	8 | 8+	R.+W. Schafroth	Start heikel, dann athletisch, oben schwer
35	High Noon	7+	J. Schafroth	Ausdauernd, länger feucht bleibend
36	An guate Rutsch	7	J. Schafroth	Wackliger Start, dann athletisch
37	Chiliconcarne	9-		2 Boulderstellen zu Beginn, dann weite Züge
38	No woman no cry	6+ | 7 | 8 | 7-	J. Schafroth	Steile Wand mit interessanter Kletterei
39	Mammouth	7+	R.+W. Schafroth	Knifflig zu queren
40	Part II	8	R. Treppte	Direktzustieg
41	Ripple	7-/7	R. Treppte	Kräftige Rissklitterei
42		6/6+	Pepperfreaks	Einstiegsvariante
43	Exquisa	6-	Pepperfreaks	Eine der leichtesten Routen hier
44		6?	Pepperfreaks	

1.14 Rossberg ****

Rechter Teil

45	Sesamstraße	6	Pepperfreaks	Der Kante entlang
46	Aufi	6	Pepperfreaks	Schöne Plattenkletterei
47	Lumpazi	6	Pepperfreaks	Einzelstelle oben
48	Rantanplan	6/6+	Pepperfreaks	Etwas ungemütlich
49	Baloo	8-	Pepperfreaks	Kleingriffige Platte
50	Tucson Connection	7+	B. Prause, G. Füß?	Ähnlich wie „Baloo"
51	Schnürli Gürli	4+	Pepperfreaks	
52	Hüffa	5+	Pepperfreaks	Gemischtes Material
53	Rudimobil	6-	Pepperfreaks	Riss-/Dachsystem
54	2 & 2	6	Pepperfreaks	
55	Assmuskel	7+	Pepperfreaks	Bereits saniert

15 m, O-SO

Ganz rechts   20 m, O-SO

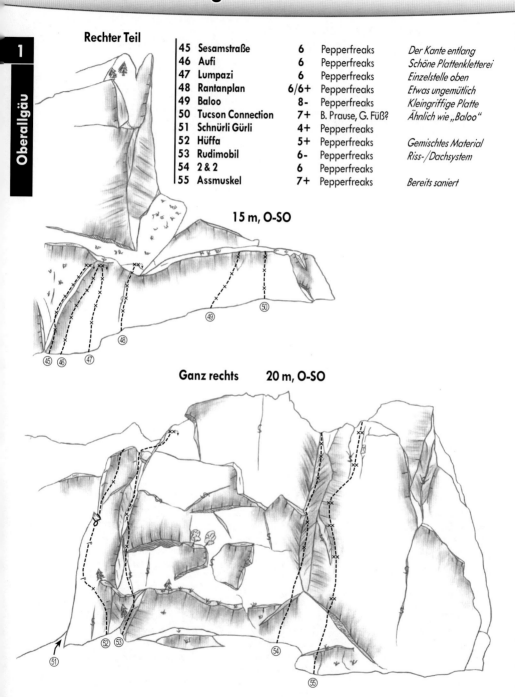

Walter Hölzler in Heißes Pflaster (8+), Rossberg

Die Klettergebiete im Gipfelbereich der Grünten Südseite.

1.15 Starzlachwinkel **

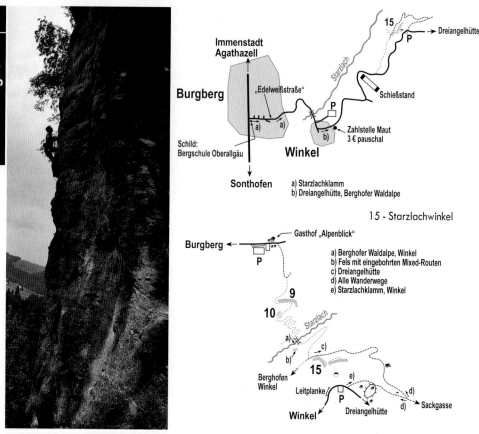

Vollkommen vergessene Wand, die seit nahezu 20 Jahren absolut zu Unrecht ein Dornröschendasein fristet. Nachdem die Routen von jahrealtem Staub befreit wurden, sind als Resultat höchst interessante und vielfältige Klettereien zum Vorschein gekommen und Platz für so manche Neutour gibt es ebenfalls zur Genüge. Die meisten Routen wurden von Klaus Buhl und Gefährten eingerichtet.

Anfahrt
Von der A 980 Ausfahrt Waltenhofen auf die B 19 Richtung Sonthofen/Oberstdorf. An der Ausfahrt Immenstadt Ost (Rettenberg/Burgberg/Grünten/...) abfahren und weiter Richtung Rettenberg/Burgberg. Nach einer langen Geraden an einem Kreisverkehr rechts und über Agathazell nach Burgberg. Durch den Ort, bis kurz vor Ortsende links die „Edelweißstraße" Richtung „Starzlachklamm" abzweigt (Schild: „Bergschule Oberallgäu"). Der schmalen Straße bis nach Winkel folgen. In den Ort und dort links ab auf den mautpflichtigen asphaltierten Alpweg Richtung „Dreiangelhütte / Berghofer Waldalpe". Am Ortsausgang befindet sich rechter Hand eine Mautstelle (pro Kalendertag 3 €). Unbedingt ein Ticket lösen! Schwarzfahren kommt nicht wirklich gut an und würde unweigerlich zu einer Sperrung des Gebiets führen! Nun dem Alpweg vorbei an einer Schießanlage kurvenreich bergauf folgen, bis nach einer engen Waldpassage und einer Leitplanke linker Hand rechts ein Forstweg abzweigt. An dessen Beginn geeignet parken. Unbedingt darauf achten, dass auch große Wirtschaftsfahrzeuge problemlos in alle Wege passieren können! Alternativ kann die Wand auch von den Parkplätzen beim Berggasthof „Alpenblick" auf der anderen Schluchtseite erreicht werden (siehe Skizze).

** Starzlachwinkel 1.15

Zugang
Dem Alpweg ein Stück bergauf folgen, dann links ab auf einen breiten Forstweg Richtung „Starzlachklamm, Winkel". Nach einiger Zeit links der Ausschilderung „Alle Wanderwege" folgen, bis der breite Forstweg zu Ende ist und rechts ein schmaler Wanderweg bergab Richtung Starzlachklamm abzweigt. Die Felsen befinden sich linker Hand direkt oberhalb des Forstwegs. Nun nahezu weglos zunächst die Böschung dann den steilen Hang etwas linkshaltend hoch zum rechten Fels. Im oberen Bereich führen Spuren nach links zum linken Fels. **Zugangszeit 10 Minuten.** Nicht von oben kommen, da das Betreten des Wiesengrundes oberhalb nicht erwünscht ist!

Gestein
Kalk, teils stark abgerundet und sandsteinähnlich.

Lage
Ca. 1000 m, rechte Wand in Mischwald, linke Wand in Mischwald oder frei stehend.

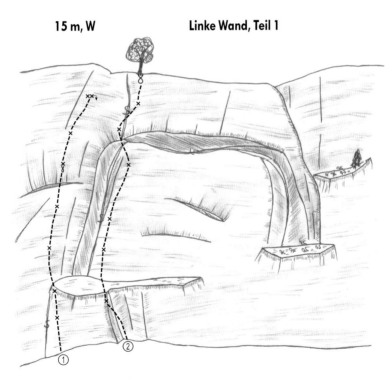

15 m, W   Linke Wand, Teil 1

1	Nüni	9-	K. Buhl	*Steil und nach oben hin immer schwerer*
2	Wild West Riss	7+/8-	K. Buhl	*Verschneidung mit interessantem Abschlussüberhang*

** Starzlachwinkel 1.15

Linke Wand, Teil 2   27 m, SW

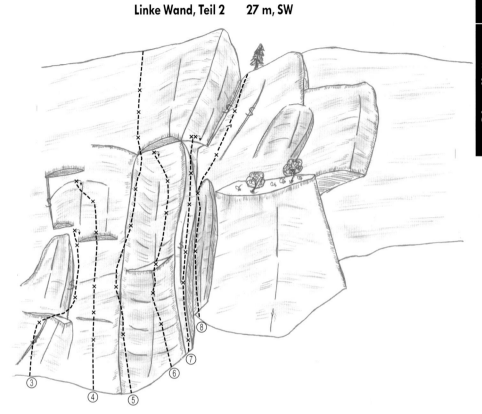

3	Kuninü	5	K. Buhl	*Etwas verwachsen, aber gut griffig*
4	Billard	8-	K. Buhl	*Vor oberem Wulst kurz links und schwere Stelle*
5	Klassiker	7	K. Buhl	*Alte Haken mit weiten Abständen, gegen oben ziemlich brüchig*
6	Hohlgasse	7+	K. Buhl	*Extrem technischer Start, oben schwere Stelle, Umlenkung zu hoch*
7	Kante	7+	K. Buhl	*Interessante, griffarme Kantenkletterei, alle Haken stecken zu hoch*
8	Kamin	6	K. Buhl	*Alte Haken, alpine Angelegenheit*

Ulrich Röker in Kante (7+), Starzlachwinkel

1.15 Starzlachwinkel **

Linke Wand, Teil 3   15-20 m, W

9	Palmenblumentango	9-	K. Buhl	Schwer vom 1. zum 2. BH, danach einfacher aber zunächst gruslige Absicherung, oben gut gesicherte Plattenkletterei im 7. Grad
10	Umweg	9-/9	K. Buhl	Schwerer Start, kaum Tritte, der 2. Teil der Querung ist etwas einfacher. Dann steile, kleingriffige Wandkletterei, ausdauernd
11	Abkürzung	9	K. Buhl	Zunächst wie „Umweg", dann geradeaus mit weiterer harter Stelle
12	Geburtstagsroute	5+	K. Buhl	Schwere Stelle am 3. BH

** Starzlachwinkel 1.15

Rechte Wand   15-25 m, N

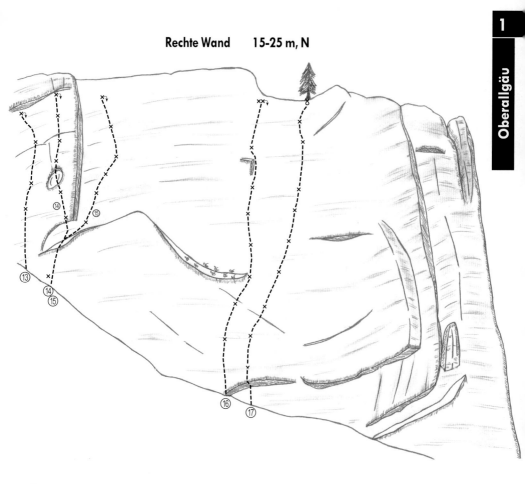

13	Seitensprung	8+/9-	K. Buhl	Gute Kletterei, jedoch im unteren Bereich unangenehm gesichert
14	Via Espania	7+	K. Buhl	Schöne, steile, großgriffige Wandkletterei
15	Übung	6+/7-	K. Buhl	Steile, aber gut griffige Wand
16	Kurzschluss	8	K. Buhl	
17	Sing Long	9/9+	K. Buhl	Es hängen alte Seile zwischen den Haken

1.16 Wertacher Klettergarten **

Lange Zeit recht unbekannter Klettergarten, der von Jürgen Vogt eingerichtet wurde. Die Routen im mittleren Bereich sind ansprechend und gut abgesichert, teilweise dienen jedoch wettererprobte Schlingen um windig in der Wand hängende Bäume als Umlenkungen. Die Routen in den oberen und ganz rechten Wandbereichen sind mit Vorsicht zu genießen, da hier oft großblockiges, brüchiges Gelände keine sichere Absicherung zulässt.

Anfahrt
Auf der A 7 Kempten Richtung Füssen und an der Ausfahrt Oy/Mittelberg abfahren. Weiter nach Wertach und noch etwas außerhalb des Orts an einer Ampelkreuzung geradeaus weiter Richtung Jungholz, Oberjoch. Gegenüber der ersten Abzweigung nach Jungholz auf einem Parkplatz rechts der Straße parken.

Zugang
Bei Niedrigwasser (kommt im Allgäu seltenst vor) die Wertach am Parkplatz oder an einer geeigneten Stelle ca. 100 m flussaufwärts überqueren und gemäß Skizze zu einer kleinen Lichtung mit einem Steinmann. Dort in den Wald und bergauf einem deutlichen Pfad folgen, der nach einer Linkskehre direkt zum Wandfuß führt.
Bei hohem Wasserstand der Hauptstraße 300 m bis zu einer Brücke über die Wertach folgen. 40 m weiter zweigt kurz vor km 8,0 rechts ein Forstweg ab. Diesem geradeaus über einen kleinen Bachlauf bis zu einer 3fach Wegverzweigung folgen. Hier auf dem rechten Weg rechtshaltend durch den Wald und auf einer Pfadspur bis zu einer großen Lichtung. Dieser nach rechts (flussabwärts) bis zu deren Ende folgen. Nun oberhalb der Uferböschung auf einem Pfad, vorbei an einem großen Steinblock, bis auf eine kleine Lichtung und dem bereits beschriebenen Steinmann linker Hand. **Zugangszeit 10-20 Minuten.**

Gestein
Art Sandstein.

Lage
Ca. 1000 m in hohem Mischwald.

16 - Wertacher Klettergarten

** Wertacher Klettergarten 1.16

20-32 m, OSO   Linker Teil

Oberallgäu

1	Torre Grande	6+	J. Vogt	*Schöner Pfeiler, großblockig, brüchig*
2	Asterix	6-	J. Vogt	
3	Master Mint	7-	J. Vogt	*Ultra brüchig und luftig gesichert!*
4	Super Grag	6+	J. Vogt	
5	Andino	8-	J. Vogt	
6	Via Roberto	7+/8-	J. Vogt	*Schrofiger Start, dann athletisch in glatte Platte und kleingriffig zum diffizilen Abschlusspfeiler, gute Route*

1.16 Wertacher Klettergarten **

Rechter Teil

20-32 m, OSO

** Wertacher Klettergarten 1.16

7	Zoro	8-	J. Vogt	
8	Ideale	7-	J. Vogt	*Einstieg botanisch, oben klasse Kletterei mit vielen Seitgriffen, ausdauernd*
9	The show must go on	7	J. Vogt	*Steile Wand mit eher kleinen, flachen Seitgriffen im unteren Teil*
10	Amigo	6+	J. Vogt	
11	Miro	6	J. Vogt	
12	Rentnerbewegung	6	J. Vogt	*Erst Platte, dann Pfeiler, teils dubioses Gestein*
13	Claudi	7/7+	J. Vogt	*Oben links über Platte auf Band, oben noch schwere Einzelstelle*
14	Soni	6+	J. Vogt	*Schöne Riss-Piaz-Kletterei*
15	Littel Joe	5+	J. Vogt	*Nette steile Wand mit Riss, einigermaßen solide*
16	Moni	5-	J. Vogt	*Ultra brüchig, 2 von 3 Haken der Umlenkung muten etwas seltsam an*
17	Miene	5	J. Vogt	*Steile Wand, links großgriffig, doch ob davon was hält ist unklar*

Oberallgäu

1.17 Steinköpfle

Direkt am Weg zur Kellerwand gelegene kurze Boulderrouten mit alter Absicherung. Im momentanen Zustand wenig interessant.

Anfahrt
Von Kempten kommend auf der B 19 nach Sonthofen und an der Ausfahrt Sonthofen, Hindelang, Reutte/Tirol, B 308 abfahren. Dieser Ausschilderung geradeaus durch Sonthofen hindurch folgen und über Vorderhindelang nach Bad Hindelang. In Bad Hindelang links ab und beim Busbahnhof parken. Alternativ befinden sich Parkmöglichkeiten entlang der Hauptstraße.

Zugang
Gemäß Skizze bergauf aus Bad Hindelang heraus bis in die „Gailenbergstraße". Nach einer Brücke rechts ab und immer der Ausschilderung „Kellerwandweg" bis zum kleinen frei stehenden Fels direkt rechts des Weges folgen.
Zugangszeit 15-20 Minuten.

Gestein
Kalk.

Lage
Ca. 1050 m, frei stehend.

Steinköpfle 1.17

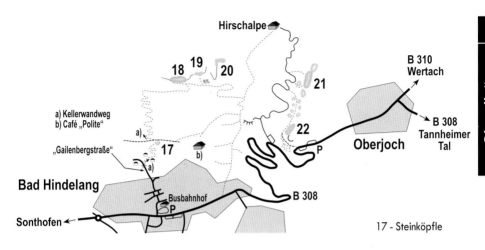

17 - Steinköpfle

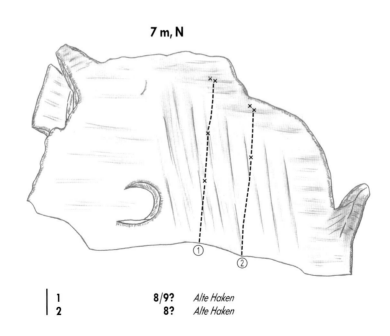

7 m, N

1	8/9?	Alte Haken
2	8?	Alte Haken

1.18 Kellerwand ***

Foto: Archiv Hölzler

Im Bereich von „Nico" bis „Sonntagsspaziergang": Achtung, Gefahr von Steinschlag, ab und zu halten sich Gämsen weiter oben am Hang auf! Helm auf den Kopf und nahe am Wandfuß aufhalten!
Von geneigten Platten bis zu Überhängen ist hier alles geboten. Teils muss auch mit etwas brüchigem Gestein gerechnet werden. Der Zugang zum oberen Wandsektor ist abenteuerlich und erfolgt sehr luftig über ein Fixseil.

Anfahrt
Von Kempten kommend auf der B 19 nach Sonthofen und an der Ausfahrt Sonthofen, Hindelang, Reutte/Tirol, B 308 abfahren. Dieser Ausschilderung geradeaus durch Sonthofen hindurch folgen und über Vorderhindelang nach Bad Hindelang. In Bad Hindelang links ab und beim Busbahnhof parken. Alternativ befinden sich Parkmöglichkeiten entlang der Hauptstraße.

Zugang
Gemäß Skizze bergauf aus Bad Hindelang heraus bis in die „Gailenbergstraße". Nach einer Brücke rechts ab und immer der Ausschilderung „Kellerwandweg" bis zur Kellerwand folgen. Der „Kellerwandweg" führt direkt am rechten Wandende vorbei.
Zugangszeit 40 Minuten.

Gestein
Kalk.

Lage
Ca. 1300 m, frei stehend.

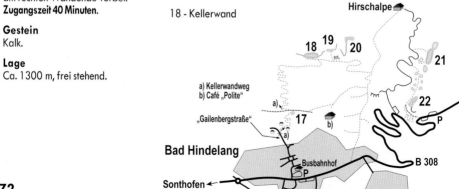

*** Kellerwand 1.18

Oberallgäu

Foto: Archiv Hölzler

Walter Hölzler in Catch my fall (9-/9), Kellerwand

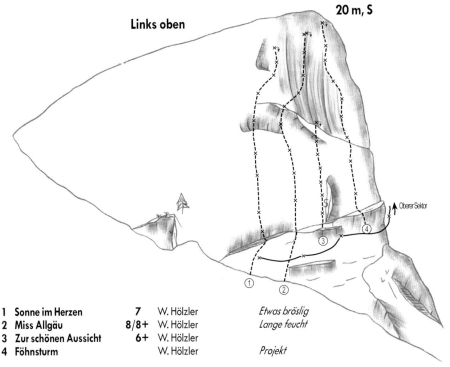

20 m, S
Links oben

1	Sonne im Herzen	7	W. Hölzler	Etwas bröslig
2	Miss Allgäu	8/8+	W. Hölzler	Lange feucht
3	Zur schönen Aussicht	6+	W. Hölzler	
4	Föhnsturm		W. Hölzler	Projekt

1.18 Kellerwand ***

Oberer Sektor
35–40 m

5	Zeit zum Träumen	7+/8-	F. Haas, A. Schlamberger	*W. Hölzler saniert u. begradigt*
6	Himmelsleiter	7+/8-	F. Haas, A. Schlamberger	*Saniert W. Hölzler*
7	Linker Ausstieg	8+	F. Haas, A. Schlamberger	*Saniert W. Hölzler*
8	Rechter Ausstieg	8	F. Haas, A. Schlamberger	*Saniert W. Hölzler*
9	Dolomitenmann	9-/9	W. Hölzler	
10	Gorilla	8+	W. Hölzler	

*** Kellerwand 1.18

Oberallgäu

Walter Hölzler in Dolomitenmann (9-/9), Kellerwand

Philipp Kindt in Lady Sunshine (7+), Kellerwand

Lena in Sonne im Herzen (7), Kellerwand

1.18 Kellerwand ***

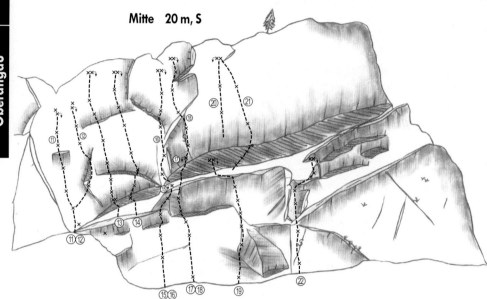

Mitte 20 m, S

11	Schwarzer Diamant	6+		Saniert W. Hölzler
12	Staubiger Bruder	6+/7-		Saniert W. Hölzler
13	Catch my fall	9-/9	J. Gottfried	Nach Griffausbruch schwerer geworden
14	Hot Line	8+/9-	H. Wimmer, H. Hanser	
15	Problemzone	6-	W. Hölzler	Schwere Stelle am 3. BH, eher linksrum
16	Lady Sunshine	7+		Über den Überhang heißts kräftig zupacken
17	Gewusst wie	7+		Saniert W. Hölzler
18	Mister Moon	8-...8		Größenproblem, saniert W. Hölzler
19	Der kleine Casanova	6		Am 2. BH nach re. zur Kante, oben nochmal schwer
20				Projekt
21				Projekt
22	Easy way	5/5+	W. Hölzler	Am Ende der Verschneidung heißts lang machen

Kletterführer

www.gebro-verlag.de

*** Kellerwand 1.18

Rechts 15 m, S

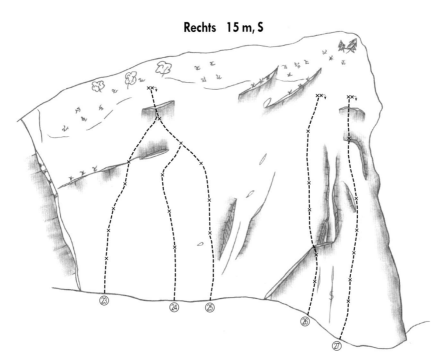

23	Nico	6+	F. Haas	Hieß „1", saniert W. Hölzler
24	Petra	6	F. Haas	Hieß „2", saniert W. Hölzler
25	Rutschbahn	6+	F. Haas	Hieß „3", saniert W. Hölzler
26	Plattentanz	7	S. Eckel	Saniert W. Hölzler
27	Sonntagsspaziergang	6-	W. Hölzler	

Facts & News
Oberallgäu • Tannheimer Tal • uvm...
- Neutouren
- Sanierungen
- Topos, Fotos
- Interessante Insider-Infos

www.walter-hoelzler.de

1.19 Neue Kellerwand *

Schöne und meist gut gesicherte Klettereien in ruhiger Lage. Beim Sichern vom Wandfuß wird ein 60 m Seil benötigt!

Anfahrt
Von Kempten kommend auf der B 19 nach Sonthofen und an der Ausfahrt Sonthofen, Hindelang, Reutte/Tirol, B 308 abfahren. Dieser Ausschilderung geradeaus durch Sonthofen hindurch folgen und über Vorderhindelang nach Bad Hindelang. In Bad Hindelang links ab und beim Busbahnhof parken. Alternativ befinden sich Parkmöglichkeiten entlang der Hauptstraße.

Zugang
Gemäß Skizze bergauf aus Bad Hindelang heraus bis in die „Gailenbergstraße". Nach einer Brücke rechts ab und immer der Ausschilderung „Kellerwandweg" bis zur Kellerwand folgen. Dem „Kellerwandweg" weiter hangparallel bis zu einem Schild mit einer grünen 6 folgen (kurz vor einer Bank). Dort links ab und pfadlos den Hang durch eine Art Schneise empor direkt zum Wandfuß.
Zugangszeit 40 Minuten.

Gestein
Kalk.

Lage
Ca. 1300 m, frei stehend.

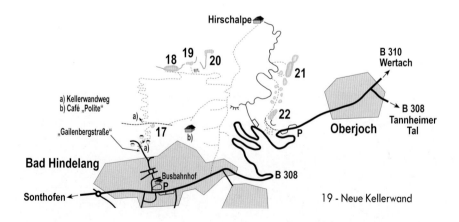

19 - Neue Kellerwand

* Neue Kellerwand 1.19

25 m, SW

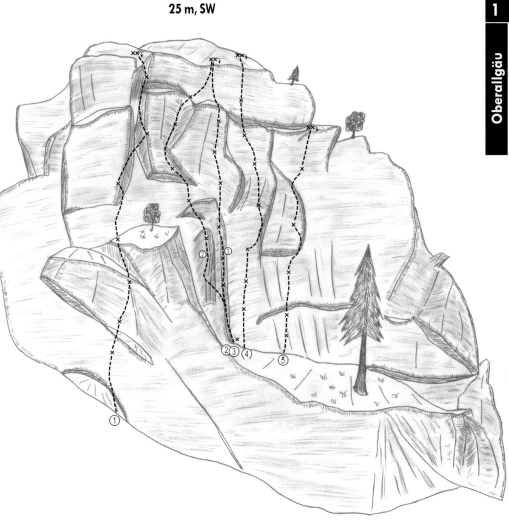

1	6+		Schwer am Beginn, im Mittelteil einfacher, oben nochmal kräftiger Piaz
2	7-/7		Einzelstelle am 3. BH, leicht linksqueren
3	7-/7		Sehr schöne anhaltend schwere Kletterei, Einstieg etwas brüchig
4	7		Großgriffiger Start in Verschneidung, oben nach rechts in schweren Piaz, schöne Route
5	7/7+		Anhaltend steil und schwer, etwas ungemütlich abgesichert

1.20 Hirschtobel

Mächtige Grotte mit einigen eingebohrten Projekten in den Randbereichen. Der extrem steile Zustieg über einen Grashang hat eine weitere Erschließung bis jetzt verhindert. Eine Verbesserung desselben würde jedoch ein weiteres Allgäuer Sportkletterparadies in den oberen Graden entstehen lassen.

Anfahrt
Von Kempten kommend auf der B 19 nach Sonthofen und an der Ausfahrt Sonthofen, Hindelang, Reutte/Tirol, B 308 abfahren. Dieser Ausschilderung geradeaus durch Sonthofen hindurch folgen und über Vorderhindelang nach Bad Hindelang. In Bad Hindelang links ab und beim Busbahnhof parken. Alternativ befinden sich Parkmöglichkeiten entlang der Hauptstraße.

Zugang
Gemäß Skizze bergauf aus Bad Hindelang heraus bis in die „Gailenbergstraße". Nach einer Brücke rechts ab und immer der Ausschilderung „Kellerwandweg" bis zur Kellerwand folgen. Weiter hangparallel auf dem „Kellerwandweg", bis dieser wieder bergab führt. Rechts von einem weit herabziehenden Felsrücken zieht eine steile Grasschneise direkt zur Grotte. Am besten zunächst im Wald links der Schneise, später über steilstes stufiges Grasgelände, zum Schluss mit felsigen Steilstufen versetzt zum Wandfuß.
Zugangszeit 50-60 Minuten.

Gestein
Kalk.

Lage
Ca. 1400 m, frei stehend.

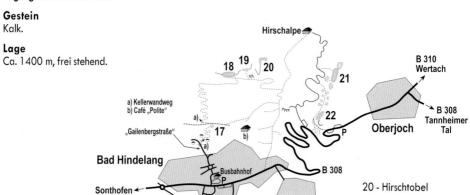

20 - Hirschtobel

Hirschtobel 1.20

Oberallgäu

1	M. Klaus + Gef.	*Projekt*
2	M. Klaus + Gef.	*Projekt*
3	M. Klaus	*Projekt*
4	M. Klaus + Gef.	*Projekt*
5	M. Klaus + Gef.	*Projekt*
6	H. Röker	*Projekt*

1.21 Weihar ****

Eines der größten Klettergebiete im Allgäu. Kurze, geneigte Routen, steile Wandklettereien oder auch überhangsdurchsetzte Mehrseillängenrouten lassen keine Langeweile aufkommen. Lediglich für die Oberliga gibt es hier derzeit wenig Betätigungspotenzial.

Anfahrt
Von Kempten kommend auf der B 19 nach Sonthofen und an der Ausfahrt Sonthofen, Hindelang, Reutte/Tirol, B 308 abfahren. Dieser Ausschilderung geradeaus durch Sonthofen hindurch folgen und über Vorderhindelang nach Bad Hindelang. Durch Bad Hindelang hindurch der Oberjoch Passstraße Richtung Reutte/Tirol (B 308) bergauf folgen. Unter dem gesprengten Bergrücken vorbei und einige Kurven weiter bis zu Parkplätzen links und rechts der Straße bei der sogenannten „Kanzel".

Zugang
Kurz dem Weg zum Aussichtspunkt „Kanzel" folgen, dann rechts ab und auf einem alten Weg bergab über die Wiese Richtung gesprengtem Bergrücken. Bei Steighilfen über den Zaun und dem dahinter beginnenden Feldweg bis zum Ende des unteren Steinfangzauns folgen. Hinter dem Steinfangzaun links zur Passstraße absteigen und dieser links der Leitplanke ein Stück bergab zum Parkplatz für die Hirschalpe (nur für Besucher der Alpe!) folgen. Dort dem asphaltierten Alpweg bergauf Richtung Hirschalpe folgen, bis in einer Linkskehre rechts eine kleine Holzhütte steht (Toiletten). Hier führt ein Pfad an der Hütte vorbei zum Sektor „Hängender Stein" und weiter zur langgezogenen Wand. Ein weiterer Pfad führt ein Stück nach der Kehre rechts bergauf zu den linken Wandbereichen. **Zugangszeit 25-35 Minuten.**

Alternativ führt auch von der Kraftwand ein Pfad linkshaltend und bergauf durch den Wald mittig durch den dortigen Boulderparcours. Bei Boulder Nr. 19 linkshaltend über einen Bachlauf gelangt man ebenfalls zum Alpweg zur Hirschalpe (siehe Skizzen).

Gestein
Kalk.

Lage
Ca. 1200 m, frei stehend.

**** Weihar 1.21

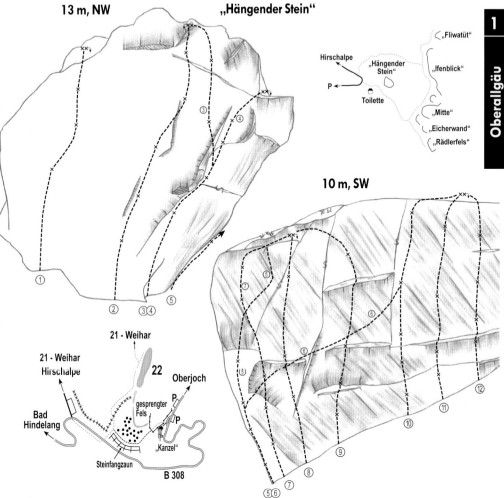

1	Schaufenster	7/7+	H. Hanser
2	Daffy Duck	7+	S. Vogt
3	Variante	7+	H. Wimmer
4	Schräger Riss	7	S. Vogt *Alte Technotour*
5	"?"	9-	S. Vogt
6	Kombination	9-	H. Wimmer, H. Hanser
7	Zipfelgaile Hüer	9+	H. Hanser
8	Gail am Sail	7+	H. Hanser
9	Omen	8/8+	S. Vogt
10	Übelhang	9-	H. Wimmer
11	Karacho	9-	H. Wimmer
12	Fata Morgana	8	H. Wimmer

1.21 Weihar ****

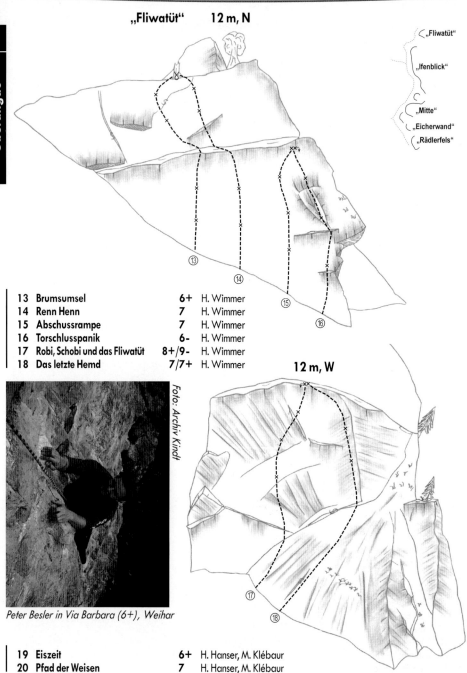

13	Brumsumsel	6+	H. Wimmer
14	Renn Henn	7	H. Wimmer
15	Abschussrampe	7	H. Wimmer
16	Torschlusspanik	6-	H. Wimmer
17	Robi, Schobi und das Fliwatüt	8+/9-	H. Wimmer
18	Das letzte Hemd	7/7+	H. Wimmer

Peter Besler in Via Barbara (6+), Weihar
Foto: Archiv Kindt

19	Eiszeit	6+	H. Hanser, M. Klébaur
20	Pfad der Weisen	7	H. Hanser, M. Klébaur

**** Weihar 1.21

"Ifenblick" 50 m, W

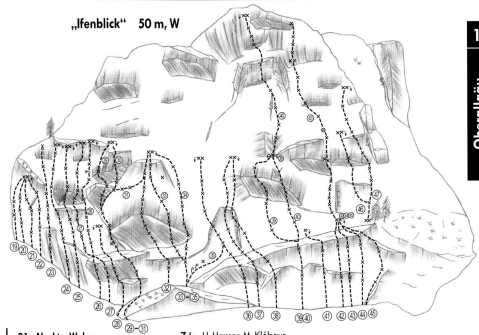

21	Nackter Wahn	7+	H. Hanser, M. Klébaur	
22	D'r Dashacker	7	T. Heckelmüller	
23	Puh Vogel	7+	H. Hanser	
24	Rapunzel	8-	T. Heckelmüller	
25	Stinkefinger	7+	T. Heckelmüller	
26	Zick Zack Riss	8-	T. Heckelmüller	
27	Old Schnackler Trail	8	S. Vogt	
28	D'r Blaich	8-	H. Hanser	
29	Luftikus	8	P. Götzfried	
30	Exquisit	8-	H. Hanser	
31	Open Air	7+	H. Hanser	
32	Der Hammer		Projekt	
33	Treibhauseffekt	8+	H. Hanser	
34	Bearetreafe	8-	H. Wimmer	
35	Relax Linksstart	6+	H. Hanser	
36	Relax	7	H. Hanser	
37	Sackgasse	6	F. Haas, M. Landrö	Saniert H. Hanser, H. Wimmer
38	Via Barbara	6+		
39	Rudi Schalbala	9-	H. Hanser	
40	Pipifax	8- | 7+	H. Wimmer	Nicht nur das Dach fordert richtig
41	5 vor 12	7	H. Hanser	Interessanter Aufrichter
42	Endspurt	7	H. Hanser	
43	Verliebte Jungs	7- | 7 | 8+	H. Hanser, M. Klébaur	Die obere Länge ist von H. Wimmer
44	s'Christkindle	7+	H. Wimmer, H. Hanser	An Weihnachten besonders schön
45	D'r Krumm	4-	H. Wimmer	
46	Psychoanalyse	7+	H. Hanser	
47	Schreck lass nach	8-	H. Wimmer	

1.21 Weihar ****

"Ifenblick" 30 m, SW

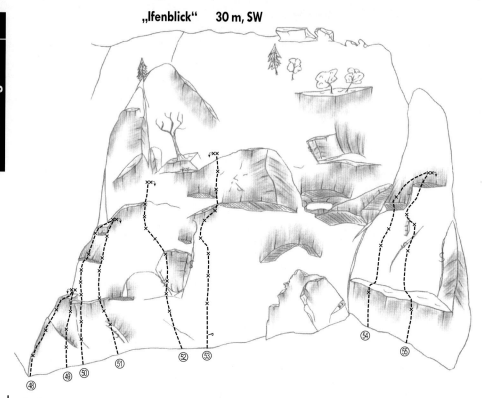

48	Flemmo	7	H. Wimmer	
49	Ramba Zamba	7-	H. Wimmer	
50	Bollaschüatango	7-	H. Wimmer	
51	Hans guck in die Luft	7+	H. Wimmer	Oben muss man gut schauen
52	Schwarzer Teppich	5+	K. Rath	Schöne leichte Route
53	Sau Merkel	6+	K. Rath+S. Brutscher	Muss noch etwas abgeklettert werden
54	Nonplusultra	8-	H. Hanser	
55	Für Thia verboten	7+	H. Hanser	Wer gerne Griffe entfernt, darf hier nicht.
56	Pippi Langstrumpf	6+	T. Adler	
57	Via Kunterbunt	6+	H. Hanser	
58	Spagehanswurst	8-	H. Hanser	
59	Felsenmann	7		
60	Duselbruder	7-	T. Adler	
61	Marterpfahl	8-	H. Hanser	

**** Weihar 1.21

1 Oberallgäu

"Ifenblick" — 25 m, SW

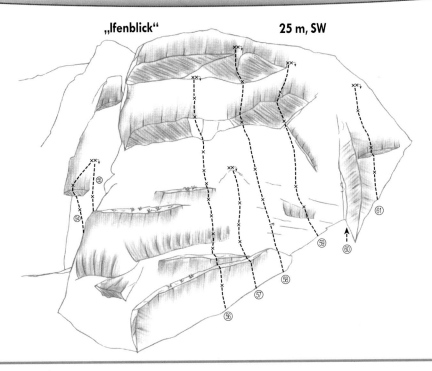

in form park
Fitness • Aerobic • Klettern • Tennis

Karweidach 1
87561 Oberstdorf
Tel. 08322 / 7979
Fax. 08322 / 809426
www.inform-oberstdorf.de
info@inform-oberstdorf.de

650m² Kletterfläche inkl. großer Boulderhöhle, Routen von III - X, Negativdach, Slackline & Hangelparcour. Alles was das Herz begehrt. Reinschauen, ausprobieren, sich wohlfühlen & einfach Spaß haben. Wir freuen uns auf Deinen Besuch!

1.21 Weihar ****

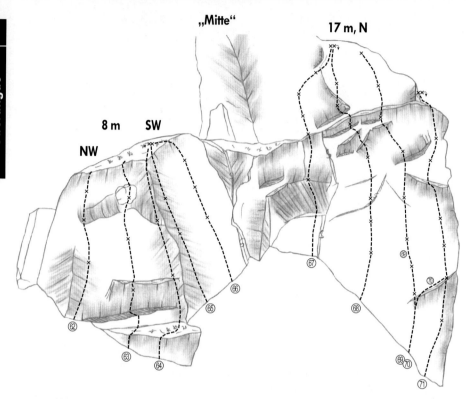

Nr	Name	Grad	Erstbegeher	
62	Verruckte 87	8-	H. Hanser	
63	Winter Nein Danke	7+	H. Hanser	
64	Esso Ess	7-	H. Wimmer	
65	Hektomat	6	H. Wimmer	
66	Ete Pe Tete	7	H. Wimmer	
67	Ohne Fleiß kein Eis	8-	H. Hanser	
68	Baby Platte	6+	Vogt, Heckelmüller?	
69	Jo-Jo	8	S. Vogt	
70	Chalk	7+	S. Vogt	
71	Chalk direkt	8-	H. Wimmer	
72	Trico Traco	8-	S. Vogt	
73	08-15	7+	S. Vogt	*Von wegen, erste Sahne!*
74	4711	8+	H. Wimmer, H. Hanser	*Etwas gesucht, schwerer Start*
75	Fußgängerzone	8-	S. Vogt	*Kurz und heftig mit flachen Griffen*
76	Midlife crisis	8	H. Hanser	
77	Hau Ruck	8/8+	H. Wimmer	
78	Jane	8	H. Hanser	
79	Tarzan	8-	H. Wimmer	
80	Life is live	9-	S. Vogt	*1. RP H. Sauter?*
81	Tortour	9	H. Wimmer/C. Finkel	

**** Weihar 1.21

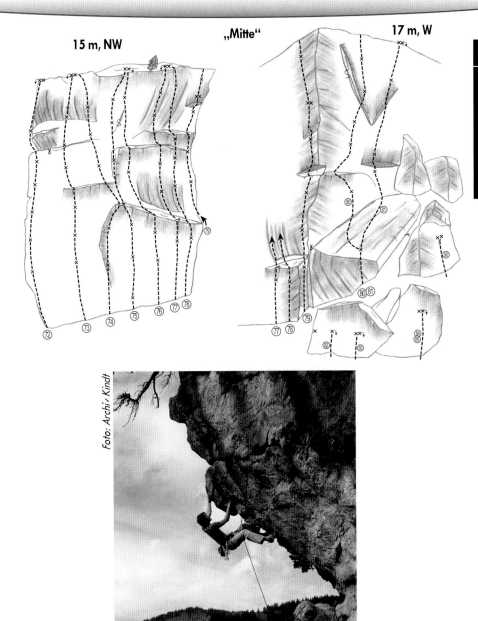

Tobias Baur in Tarzan (8-), Weihar

1.21 Weihar ****

"Mitte"   15+17 m, N-W

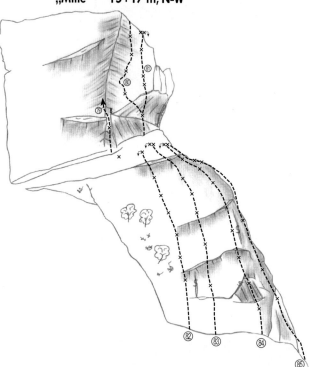

82	Plattle	3	W. Mayr, P. Jost	
83	Pickle	3	W. Mayr, P. Jost	
84	Poppen	4	W. Mayr, P. Jost	
85	Hong Kong Pfui	6	H. Hanser	
86	Kante	6+		Alte Tour, Klassiker!
87	Tom	6-	S. Vogt	
88	&	7-	H. Hanser, H. Wimmer	
89	Jerry	6	S. Vogt	
90	Extrabreit	7	H. Hanser	
91	Pfeifengrün	7		Alter Boulder, jetzt gebohrt
92	Nick	7		Alter Boulder, jetzt gebohrt
93	Weiberfeind	9-	H. Hanser	
94	Direkter Boxbeutel	7+	H. Hanser	
95	Hermanns Pfeiflar Variante	7+	H. Hanser	
96	Eicherweg	6+	H. Eichler	
97	Amigo	7	S. Vogt	
98	Dingsbums	6	H. Wimmer	
99	Alpin-Flip	4+	H. Wimmer	
100	Trimm Trab	7	S. Vogt	
101	Obere Platte	6	S. Vogt	
102	Averell Dalton	6-	H. Hanser	

**** Weihar 1.21

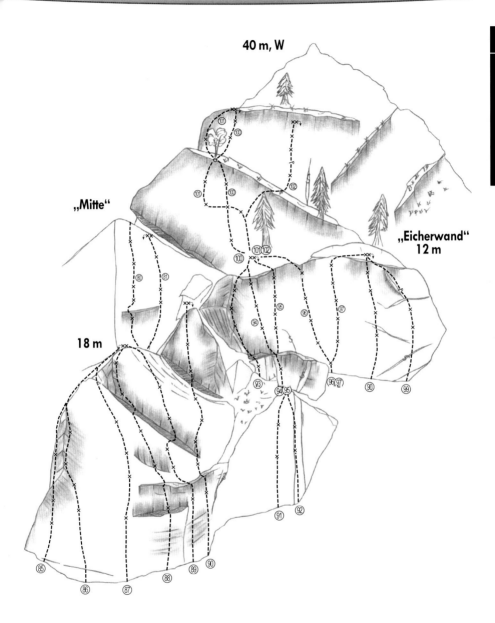

1.21 Weihar ****

"Rädlerfels"
15 m, W

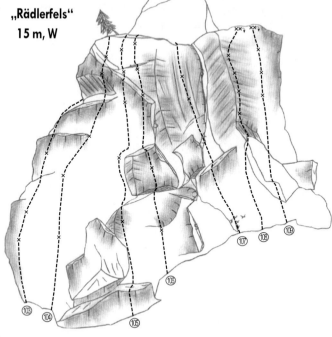

Nr.	Name	Grad	Erstbegeher
103	Frauenbewegung	7-	H. Wimmer
104	Schnapsidee	7	H. Wimmer
105	Septembär	6	H. Wimmer
106	Spritztour	7-	H. Wimmer
107	Sack am Bendl	8	H. Wimmer
108	Kurzes Vergnügen	7+	H. Wimmer
109	Trick 17	8	H. Wimmer

"Fliwatüt"
"Ifenblick"
"Mitte"
"Eicherwand"
"Rädlerfels"

Climb On!® Products

100% natürliche Hautpflege

Mini Bar

Bar

Vertrieb Deutschland/Österreich:
Harald Röker, HARYCANE climbing/engineering
www.climbon.de
climbon@climbon.de
tel +49 (0) 83 20 - 92 54 16

Distribution worldwide:
www.climbonproducts.com

Crème

Lip Lube

Never be far from the Bar!™

*** Kraftwand 1.22

22 - Kraftwand

Viele, zumeist leicht abdrängende, ausdauernde Routen können hier genossen werden. Das Gebiet ist an heißen Tagen durch seine eher schattige Lage recht angenehm. Die Routen hier sind lange feucht.

Anfahrt
Von Kempten kommend auf der B 19 nach Sonthofen und an der Ausfahrt Sonthofen, Hindelang, Reutte/Tirol, B 308 abfahren. Dieser Ausschilderung geradeaus durch Sonthofen hindurch folgen und über Vorderhindelang nach Bad Hindelang. Durch Bad Hindelang hindurch der Oberjoch Passstraße Richtung Reutte/Tirol (B 308) bergauf folgen. Unter dem gesprengten Bergrücken vorbei und einige Kurven weiter bis zu Parkplätzen links und rechts der Straße bei der sogenannten „Kanzel".

Zugang
Kurz dem Weg zum Aussichtspunkt „Kanzel" folgen, dann rechts ab und auf einem alten Weg bergab über die Wiese Richtung gesprengtem Bergrücken. Bei Steighilfen über den Zaun und dem dahinter beginnenden Feldweg bis zum Ende des unteren Steinfangzauns folgen. Dort geradeaus über einen Zaun und auf einem Pfad rechts aufwärts zur Wand.
Zugangszeit 10-15 Minuten.

Gestein
Kalk.

Lage
Ca. 1100 m, Nadelwald.

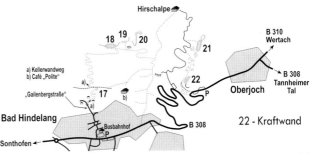

1.22 Kraftwand ***

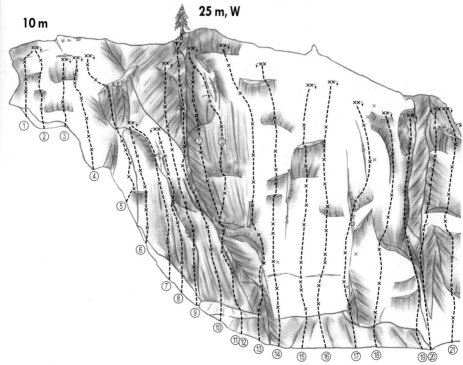

#	Name	Grad	Erstbegeher	Bemerkung
1	Gaile Peitsche	7+	H. Hanser	
2	Sekt Orange	7+	H. Hanser	
3	Bleifreies Bier	7	H. Hanser	
4	Upp's	5+...	T. Adler	Schwierigkeit je nach Felsvertrauen, noch recht brüchig
5	Eagle	6-	T. Adler	Bröslige Verschneidung, oben nochmals etwas schwerer
6	Ox am Bearg	8	M. Klébaur	
7	Flower Power	8-	H. Hanser	
8	Steil und geil	7+	H. Hanser	Großgriffig, überhängend, klasse
9	„Hofele mit de olta Wieber"	8-	H. Wimmer	Schwer aus Überhang, BH hart einzuhängen, ausdauernd
10	Aufriss	8-/8	H. Wimmer	Klasse Tour, ausdauernd, technisch anspruchsvoll
11	„Hofele mit de olta Ma"	8+	H. Hanser	Direkt über überhängenden Pfeiler
12	Liebe, Tod und Teufel	8-	H. Wimmer	
13	Scharfer Hüpfer	8-/8	H. Hanser, M. Klébaur	Verlängert und schwerer geworden, ausdauernd, toll
14	Lollipop	8-	H. Wimmer	
15	Langfinger	7+	H. Wimmer	Großgriffig, überhängend, oben weiter Zug, gute Tour
16	Der letzte Schrei	8	H. Wimmer	Sehr ausdauernd, vom 2. zum 3. BH schwer
17	Wasser mit Schumm	7-	H. Hanser, M. Klébaur	
18	Tauchstation	8-	H. Hanser	
19	Traumfabrik	8-	H. Hanser	
20	Die dicke Elke	8+/9-	H. Wimmer	
21	Trombose in der Hose	7/7+	H. Hanser	

*** Kraftwand 1.22

Oberallgäu

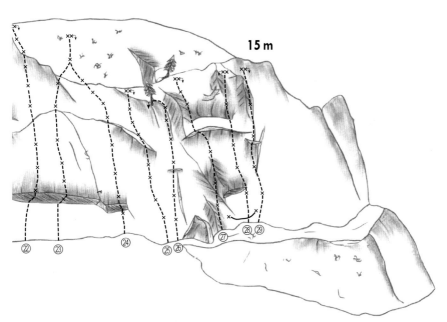

15 m

22	Grand café crème	6−	H. Hanser	*Oben schwere Stelle*
23	Pain au chocolat	6+	H. Hanser	*Schwer übers Dach raus*
24	Buenas dias	7	H. Hanser	*Gleich unten schwer*
25	Gschiednäsar	5+	T. Adler	*Sehr schöne, gut gesicherte Route*
26	Isola de Elba	6−		*Schwere Passage über leicht überhängenden Pfeiler*
27	Arabella	5	T. Adler	*Kräftiger Einstieg, danach deutlich einfacher*
28	Toka	6+	T. Adler	*Mit den richtigen Griffen fest*
29	Ming Huimat	7+	H. Hanser	*Im unteren Teil brüchig*

1.23 Voglerwand **

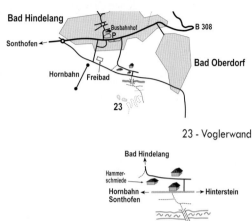

Kleinere Wand mit einigen interessanten Linien.

Anfahrt
Von Kempten auf der B 19 nach Sonthofen und an der Ausfahrt Sonthofen, Hindelang, Reutte/Tirol, B 308 abfahren. Dieser Ausschilderung geradeaus durch Sonthofen hindurch folgen und über Vorderhindelang nach Bad Hindelang. Die besten Parkmöglichkeiten befinden sich am Busbahnhof (links der Straße) oder an einem Parkstreifen rechts entlang der Hauptstraße.

Zugang
Vom Busbahnhof Richtung Kurhaus, die Hauptstraße queren (Parkstreifen) und in die nächste Straße („Unterer Buigenweg") rechts abbiegen. Diese wird zum asphaltierten Feldweg und führt am Minigolfplatz vorbei. Über eine Brücke Richtung Hornbahn Talstation und an einer Weggabelung dem asphaltierten Weg nach links Richtung „Untere Hammerschmiede" folgen. Weiter geradeaus, zwischen „Bergstüble" und „Alte Schmiede" hindurch, danach rechts über eine Brücke den Bach queren und zur Fahrstraße. Hier rechts, sofort wieder links und über eine überdachte Holzbrücke den Fluss (Ostrach) überqueren (Wegweiser: Rotspitze/Breitenberg). Nach der Brücke links haltend auf einen breiten Forstweg. Diesem nach rechts 200 m bergauf folgen, bis rechts ein Wanderweg Richtung „Alpenrosenköpfle/Horn-Café/Variante Fußweg" führt. Diesem in Kehren bergauf bis zur Wand folgen. Diese befindet sich rechts des Weges bei einer Linkskehre. **Zugangszeit 15 Minuten.**

Gestein
Kalk.

Lage
Ca. 900 m, Mischwald oder frei stehend.

** Voglerwand 1.23

Hauptfels   12-18 m, N-NO

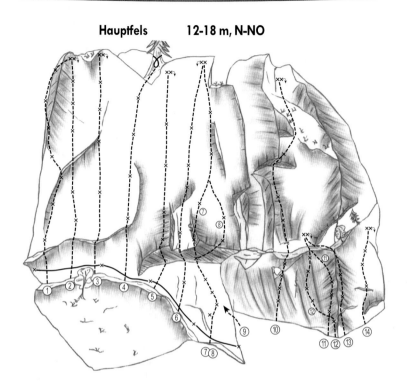

1	Null Problemo	6-	H. Hanser
2	Heavy Metal	7+	H. Hanser
3	Generationskonflikt	7-	H. Hanser
4	Amelie & Julius	7-	H. Hanser
5	Down under	8-	H. Hanser
6	D'Eckelhaft	8-	H. Hanser
7	Variante	8	F. Haas
8	Achmed lass krachen	8	C. Finkel
9	Zerfas-Quergang	8	F. Haas
10	Nierenschmerzen	9	F. Haas
11	Kleiner Zwerg	9-	C. Finkel
12	Giftzwerg	8+	C. Finkel
13	Top Gun	6+	H. Hanser
14	Café Ole	6+	H. Hanser

1.23 Voglerwand **

Rechter Teil   10 m, N-NO

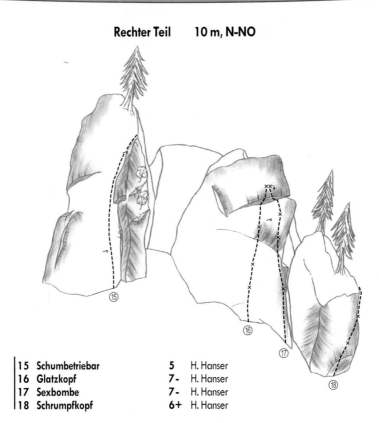

15	Schumbetriebar	5	H. Hanser
16	Glatzkopf	7-	H. Hanser
17	Sexbombe	7-	H. Hanser
18	Schrumpfkopf	6+	H. Hanser

Die Alte Hammerschmiede auf dem Weg zur Voglerwand...

1.24 Zipfelschrofen *

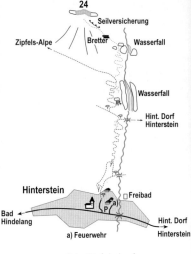

Gut sanierte und interessante Klettereien. Ab und zu muss man auf lockere Brocken achten, doch im Allgemeinen ist der Fels solide und rau.

24 - Zipfelschrofen

Anfahrt
Von Kempten kommend auf der B 19 nach Sonthofen und an der Ausfahrt Sonthofen, Hindelang, Reutte/Tirol, B 308 abfahren. Dieser Ausschilderung geradeaus durch Sonthofen hindurch folgen und über Vorderhindelang weiter zu einem Kreisverkehr. Hier rechts, an Hornbahn und Freibad vorbei und weiter bis nach Hinterstein. Nach der Kirche befindet sich links ein gebührenpflichtiger Parkplatz für maximal 4 Stunden beim Feuerwehrhaus (2,50 €). Weitere gebührenpflichtige Parkmöglichkeiten entweder vor Hinterstein oder beim Hinteren Dorf Hinterstein.

Zugang
Vom Feuerwehrhaus folgt man einem Wanderweg zum Wasserfall und von dort weiter Richtung Zipfelsalpe. Auf der Höhe des Beginns des großen Wasserfalls führt der Wanderweg hangparallel nach links. Hier zweigt ein alter Weg ab, der in Kehren weiter nach oben führt. Diesem folgt man zu einem kleineren Wasserfall und dann schräg nach links oben, zum Schluss mit Seilgeländer zum Fels.
Zugangszeit 20 Minuten.

Gestein
Kalk.

Lage
Ca. 1100 m, hauptsächlich frei stehend.

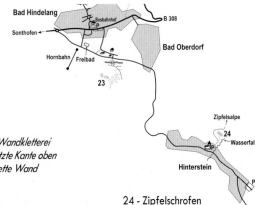

24 - Zipfelschrofen

1	5+	Schöne Wandkletterei
2	7+	Ausgesetzte Kante oben
3 K2	6	Kurze, nette Wand

* Zipfelschrofen 1.24

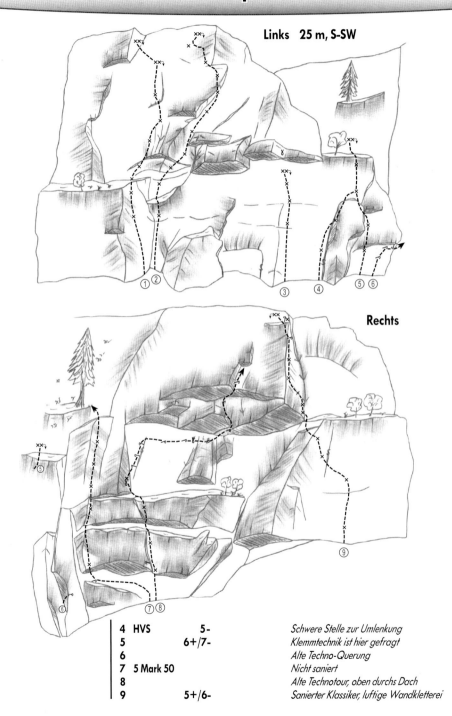

4	HVS	5-	Schwere Stelle zur Umlenkung
5		6+/7-	Klemmtechnik ist hier gefragt
6			Alte Techno-Querung
7	5 Mark 50		Nicht saniert
8			Alte Technotour, oben durchs Dach
9		5+/6-	Sanierter Klassiker, luftige Wandkletterei

1.25 Prinz-Luitpold-Haus **

In atemberaubender Gebirgskulisse gelegene Klettergärten in unmittelbarer Nähe zum Prinz-Luitpold-Haus, das man aufgrund des weiten Zustiegs am besten als Basis für einige Klettertage nutzt. Das Kalkgestein ist von einer hervorragenden Qualität und gehört mit zum Besten, was das Allgäu zu bieten hat. Die hohe Lage sowie in alle Richtungen orientierte Wände und ein weit gefächertes Routenspektrum machen die 4 Klettergärten zu einem idealen Sommergebiet. Leider ist der Zustieg zum Hauptgebiet „D'r Grind" nur unangenehm über Steilgras oder Abseilen möglich und der Stand am Wandfuß ist auch nicht allzu angenehm. Die älteren Routen in den Gebieten „Im Täl'le" sowie „D'r Grind" sind teilweise sanierungsbedürftig. Eine großangelegte Sanierungsaktion sowie ein verbesserter Zustieg mit Standhaken am Grind würden das Gebiet gewaltig aufwerten.
Die Routen am Täl'le und Grind stammen fast ausnahmslos von Herbert (Happy) Hanser sowie Hartmut Wimmer, die bei der Erschließung ab und zu Unterstützung von Arnd Bruchmann erhielten.
Am Glasfelder Kopf gibt es mittlerweile auch noch einige wenige Sportkletterrouten für Sportkletterer mit strammen Wadeln.

Anfahrt
Von Kempten kommend auf der B 19 nach Sonthofen und an der Ausfahrt Sonthofen, Hindelang, Reutte/Tirol, B 308 abfahren. Dieser Ausschilderung geradeaus durch Sonthofen hindurch folgen und über Vorderhindelang weiter zu einem Kreisverkehr. Hier rechts, an Hornbahn und Freibad vorbei und weiter bis nach Hinterstein. Durch das Vordere Dorf Hinterstein hindurch ins Hintere Dorf Hinterstein. Dort geradeaus weiter zu den gebührenpflichtigen (8-18 h) Parkplätzen am Ortsende (1. Stunde = 1 €, weitere Stunden je 50 ct).

** Prinz-Luitpold-Haus 1.25

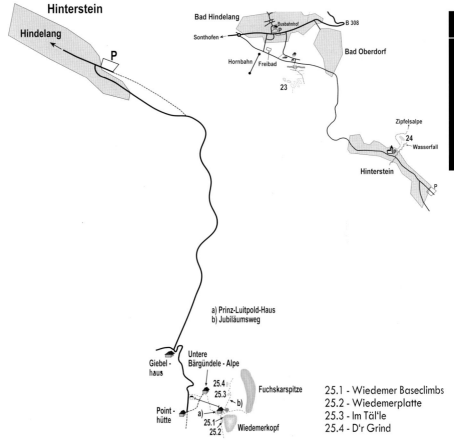

25.1 - Wiedemer Baseclimbs
25.2 - Wiedemerplatte
25.3 - Im Täl'le
25.4 - D'r Grind

Zugang
Mit dem Bus zum Giebelhaus. Von dort der Ausschilderung über die Untere Bärgündelealpe zum Prinz-Luitpold-Haus folgen.
Alternativ zum Bus kann man auch mit dem Fahrrad bis zum Giebelhaus und weiter bis zur Unteren Bärgündelealpe gelangen. Von dort zu Fuß weiter zum Prinz-Luitpold-Haus.
Zugangszeit je nach Fitnesszustand und gewähltem Transportmittel 3-5 h.
Die 2 Wände „Wiedemer Baseclimbs" sowie „Wiedemerplatte" befinden sich am direkt neben der Hütte gelegenen Wiedemerkopf, die Wiedemerplatte sogar direkt am Wanderweg.
2 weitere Massive liegen an einem Bergrücken links des Weges (Jubiläumsweg) zur Bockkarscharte/Glasfelder-Kopf. „Im Täl'le" liegt direkt neben dem Wanderweg (etwa 15 Minuten ab Hütte). „D'r Grind" etwas weiter auf der dem Weg abgewandten Talseite des Bergrückens und ist über Steilgras oder mittels Abseilen erreichbar (etwa 30 Minuten ab Hütte).

Gestein
Bester Hochgebirgs-Kalk.

Lage
Freistehend in alpiner Umgebung auf ca.1850-1900 m Meereshöhe.

1.25 Prinz-Luitpold-Haus **

25.1 - Wiedemer Baseclimbs   NO

25.2 - Wiedemerplatte   N

** Prinz-Luitpold-Haus 1.25

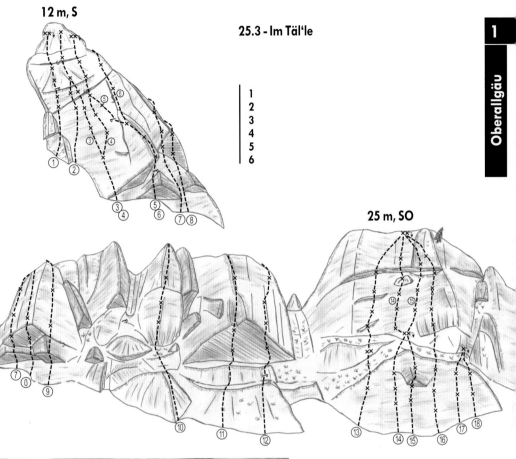

12 m, S

25.3 - Im Täl'le

1
2
3
4
5
6

25 m, SO

7	Pflichtübung	6-
8	Aufschwung	7+
9	Hilti	7
10	Hasch mich	7+
11	Zeter und Holdrium	8-
12	Ohne Worte	8
13	Immer wieder Samstag	7-
14	Ideal	7
15	Traum der Bohrteufel	8-/8
16	Nur für Geübte	8-/8
17	Kurz und schmerzhaft	
18	Klein, aber gemein	

1.25 Prinz-Luitpold-Haus **

1	Hoffentlich Allianz versichert	8 | 8
2	Erogene Zone	
3	Hochseilakt	8- | 8+ /9-
4	Boltrausch	7+/8- | 8+
5	Donner und Doria	
6	Willkommen im Club der einsamen Herzen	
7	Erste Sahne	8 | 7
8	Angst verleiht Flügel	8+ | 7
9	Angst fressen Hose auf	9-
10	Akku Boltitis	7 | 8+
11	Hokus Pokus	9
12	Kui Sunne, kui Land	8
13	Ein mal täglich	8 | 7- | 6-
14	Delirium	8-
15	Samurai	7- | 8-
16	Drama	8 | 6+
17	Almöhi	7-
18	Finale lässt grüßen	7-

** Prinz-Luitpold-Haus 1.25

25.4 - D'r Grind   50 m, NW

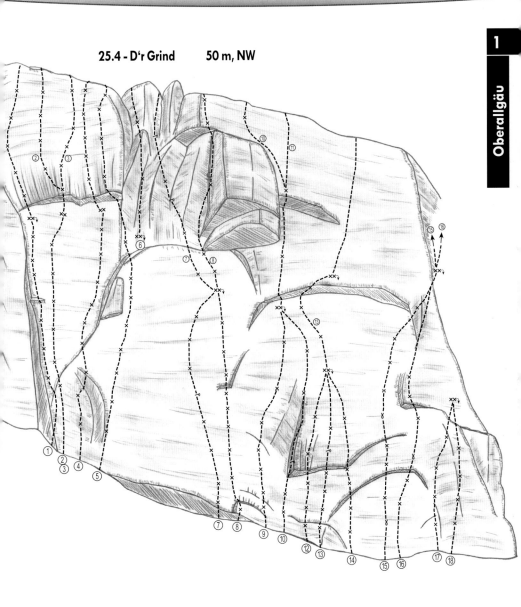

Oberallgäu

1.25 Prinz-Luitpold-Haus **

25.4 - D'r Grind 50 m, W

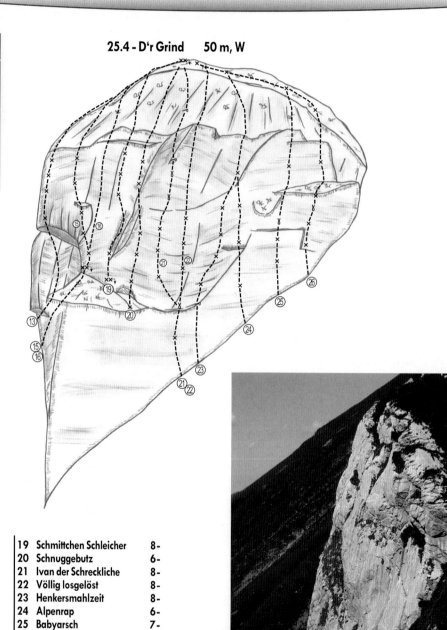

19	Schmittchen Schleicher	8-
20	Schnuggebutz	6-
21	Ivan der Schreckliche	8-
22	Völlig losgelöst	8-
23	Henkersmahlzeit	8-
24	Alpenrap	6-
25	Babyarsch	7-
26	I flipp no üs	5+

Portrait

Herbert Hanser - in der Kletterszene weithin unter seinem Spitznamen „Happy" bekannt - hat eine ganze Menge Klettererfahrung im Gepäck. 1967 geboren, konnte man ihn gerade mal bis 1981 von den Felsen fernhalten, dem Jahr in dem er seine Karriere in Sachen Fels in Angriff nahm. Danach ging es rasch aufwärts und vor allem zwischen 1987 und 1993 wurde Happy auch mächtig vom Bohrfieber gepackt. Zusammen mit Hartmut Wimmer wurde erschlossen was das Zeug hielt. Ihr entsprechendes Trainingsgelände haben sich die beiden einfach selbst angelegt, denn Kletterhallen gab es im Allgäu noch keine. Bei total miesem Wetter wurden Bohrhakenlaschen produziert, bei schlechtem Wetter Routen „ausgegraben" und geputzt - Arbeit ohne Ende - und bei schönem Wetter wurden die Ergebnisse geklettert. Und was dabei herausgekommen ist, das kann sich bis heute in jeder Beziehung sehen lassen. Das „Trophäensammeln" ist für ihn heute nicht mehr wichtig, obwohl er jede Menge harte Routen bis in den 10. Grad geklettert hat. Jedoch die eine oder andere Neutour zu erschließen macht ihm trotz der Plackerei immer noch Spaß.

Highlights, an die er sich besonders gerne erinnert, sind für ihn unter anderem die erste Rotpunktbegehung von *Heavy Metal* an der Voglerwand, die er bereits 1984 für sich verbuchen konnte, einer Zeit, in der es im gesamten Allgäu noch kaum Routen im 7. Grad gab. Auch die Ecke ums Prinz Luitpold Haus hat er in guter Erinnerung, im Besonderen mit Routen wie *Angst fressen Hose auf* (9-). Ob der Name wohl mit der damaligen Absicherung was zu tun hatte? In dieser Zeit, noch geprägt von Aufbruchsstimmung, das Freiklettern hatte enormen Schub, war die allgemeine Einstellung zur Sicherheit vorsichtig ausgedrückt manchmal etwas wild, dazu auch O-Ton Happy:

„Ein Blick in mein Tourenbuch von damals lässt ein breites Grinsen bei mir aufkommen. Ich denke da vor allem an den Zeitgeist der 80er und 90er Jahre beim Klettern. Es mussten lange Hakenabstände sein. Wenig Haken waren angesagt, da diese selbst hergestellt oder gekauft wurden. Es war auch cool und in anderen Gebieten war es ja auch so möglich. Heute genieße ich gut abgesicherte Routen und saniere entsprechend auch die eigenen Touren. Auch das Outfit und die Partys waren Spitze. Wie die Hippies mit schillernden Farben und selbstgestrickten Mützen - aber wir waren voll motiviert am Puls der Zeit dabei!"

Bereits an diesem kleinen Einblick sieht man, dass Klettern für Happy schon immer etwas mehr als „nur der reine Sport" war. Viele der damit verbundenen Erlebnisse haben sein Leben besonders geprägt und nach wie vor genießt er es besonders, zusammen mit seiner Frau oder mit guten Freunden in der Natur zu sein und dabei viel Spaß zu haben. Was ihn immer wieder in die steilen Wände hineinlockt, das fasst Happy schlussendlich so zusammen: *„Toll finde ich, die Kraft zu spüren, dass ich alle Bewegungen einer Route beherrsche und das Gefühl, zufrieden oben angekommen zu sein."*

Etwas mit Sorge erfüllt auch ihn die aktuelle Tendenz im Klettersport, nur noch zu konsumieren und wenig bis nichts zum Erhalt der bestehenden Routen und Klettergebiete beizutragen.

Hartmut Wimmer war - gemeinsam mit Herbert Hanser - einer der ganz großen Erschließer im Allgäu. Der mittlerweile 43-jährige hat sich seit einigen Jahren zwar vollständig aus dem Klettergeschehen zurückgezogen, doch vergessen ist er in der Welt des Kletterns deshalb noch lange nicht.

Familie und Beruf sind dem selbstständigen Bauingenieur, der heute ein Ingenieurbüro leitet, einfach wichtiger geworden und es blieb nicht mehr genügend Zeit fürs Klettern. Und darin ist Hartmut konsequent, „ganz oder gar nicht", so lautet seine Devise im Leben. Was dabei herausgekommen ist, kann sich sowohl damals, zur Sturm- und Drangzeit in steiler Wand, wie auch heute absolut sehen lassen. Für damalige Verhältnisse war er ein absoluter Top Star am Fels, an dem niemand so leicht vorbei kommen konnte. Mit die ersten Routen im 10. Grad stammen deshalb auch von dem starken Allgäuer. Die Felswände im Umfeld seiner Heimat Hindelang boten dabei jede Menge Neuland und Erstbegehungen an Weihar, Kraftwand, Kellerwand, Ifen, Starzlachklamm, Prinz Luitpold Haus sowie viele weitere zeugen auch heute noch von seiner unbändigen Motivation. Dass er dabei so ganz nebenbei auch noch den ersten Sportkletterführer über das Allgäu verfasst hat, erscheint deshalb nur logisch.

1.26 Jockelstein *

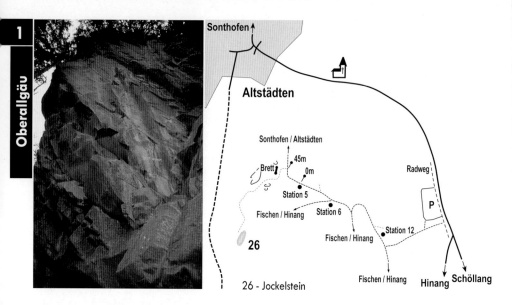

Der Fels wartet mit granitähnlichem Sandstein und interessanten Klettereien auf. In Wandmitte, am Ausstieg der Route Nr. 2, hängt allerdings ein riesiger Block, der nirgends mit dem umgebenden Fels verwachsen ist! Die Route „Blutwurst" ist auf alle Fälle einen Besuch wert.
Gebohrt wurden die neuen Routen von der Gruppe Neubert, Besler, Rothmayr und Schweizer. Die alten Routen stammen ca. aus dem Jahr 1968 von den Kletterern Hornik, Greil, Ernst Popelka, Anton Wolf u. Dieter Glaser.

Anfahrt
Von Kempten kommend auf der B 19 nach Sonthofen und von der bereits wieder einspurigen B 19 an der Ausfahrt Sonthofen Süd, Altstädten abfahren. Rechts und gleich wieder links Richtung Altstädten. Beim Schwimmbad „Wonnemar" links Richtung Altstädten. Durch Altstädten hindurch, nach dem Ort bergauf und bei einem Wanderparkplatz rechter Hand parken (kurz vor der Abzweigung nach Hinang).

Zugang
Bei einer Wanderkarte kurz links auf einem Pfad auf einen Waldweg, dem man nach rechts bergauf folgt. An der nächsten T-Kreuzung nach rechts Richtung Sonthofen/Altstädten und an der Station 12 des dortigen Trimmdichpfads vorbei. In einer Linkskurve rechts ab Richtung Sonthofen/Altstädten und bei der Station 6 rechts ab Richtung Altstädten. 45 m nach der Station 5 zweigt in einer Rechtskurve eine unscheinbare Pfadspur nach links zur Hangkante ab (Steinmann, Blick auf Tennisplätze im Tal). An der Hangkante befindet sich ein Brett, das über 2 Baumstümpfe genagelt ist. Linkshaltend daran vorbei steil absteigen (Steinmänner) und immer linkshaltend einer unscheinbaren Pfadspur (weitere Steinmänner) zum Fels folgen. Alternativ vom Felskopf abseilen.
Zugangszeit 15 Minuten.

Gestein
Sandstein.

Lage
Ca. 800 m, Mischwald.

*Jockelstein 1.26

15-18 m, N-NW

1 Blutwurst	7	Klasse Route in steiler Wand
2 Bellavista	4	Riesiger labiler Block oben!!!!
3 Neverdone	6-	Schön mit kräftiger Einzelstelle

1.27 Wiwogitrumu-Festung *

Schon alleine das beeindruckende Naturschauspiel der Hinanger Wasserfälle lohnt den Besuch dieses brandneuen Klettergebiets. Die mächtig steilen Lochklettereien lassen auch Klettern bei Regen nach längeren Trockenperioden zu, wobei der rechte Bereich zur Kondensation neigt. Selbst Sinterfahnen sind hier anzutreffen. Bei feuchtem Fels unbedingt aufs Klettern verzichten, da das verbackene Gestein dann erheblich an Festigkeit verliert und unweigerlich Griffe ausbrechen würden!
Erschließungen unbedingt vorher mit der IG Klettern abklären, das weiche Gestein erfordert ganz besonderes Vorgehen beim Einbohren. Routen dürfen ausschließlich mit langen Klebehaken ausgerüstet werden, die am besten mit Schnellzement fixiert werden. Alle Routen mit anderen Haken sind Projekte, die Haken darin dienen nur zur Fixierung des Seils von oben und würden bei einer Vorstiegsbelastung unweigerlich ausbrechen!
Unbedingt Rücksicht auf vorbeilaufende Wanderer nehmen und darauf achten, dass keine Steine auf den Weg fallen! Parken nur wie in der Anfahrt beschrieben!

Anfahrt

Von Kempten kommend auf der B 19 nach Sonthofen und von der bereits wieder einspurigen B 19 an der Ausfahrt Sonthofen Süd, Altstädten abfahren. Rechts und gleich wieder links Richtung Altstädten. Beim Schwimmbad „Wonnemar" links Richtung Altstädten. Durch Altstädten hindurch, nach dem Ort bergauf und nach einem Wanderparkplatz rechts ab nach Hinang. Vor der kleinen Kirche links Richtung Hochweiler, über Felder und nach einer Unterführung rechts auf einem Parkstreifen parken.
Unbedingt die hier beschriebenen Parkplätze benutzen, dies wurde so abgesprochen. Parken Richtung Sonnenklause kann das Klettern im Gebiet gefährden!

a) Sonnenköpfe, Altstädter Hof, Sonnenklause, Hinanger Wasserfälle

* Wiwogitrumu-Festung 1.27

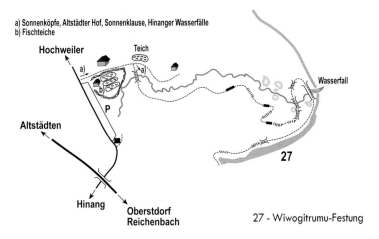

27 - Wiwogitrumu-Festung

Zugang
Am Ende des Parkstreifens führt rechts ein Weg Richtung Hinanger Wasserfälle. Vor einem Teich links des Weges rechts über eine Brücke und dem Weg bergauf, später über Treppenstufen und einige Brücken zum Wasserfall folgen. Der bekletterte Bereich befindet sich rechts des Wasserfalls.
Zugangszeit 10 Minuten.

Gestein
Verbackener Nagelfluh (Konglomerat), zum Teil versintert.

Lage
Ca. 900 m, Mischwald, feuchtes Eck in Wasserfallnähe.

1.27 Wiwogitrumu-Festung *

Linker Teil   15-20 m, NW

1	H. Röker	*Projekt*
2	H. Röker	*Projekt*

* Wiwogitrumu-Festung 1.27

Mittlerer Teil   15 m, NW

| 3   Alter Weg

1.27 Wiwogitrumu-Festung *

Bereich kleiner Wasserfall   15 m, NW

| 4   *Eiskletterroute*

* Wiwogitrumu-Festung 1.27

Rechter Teil 8-15 m, N

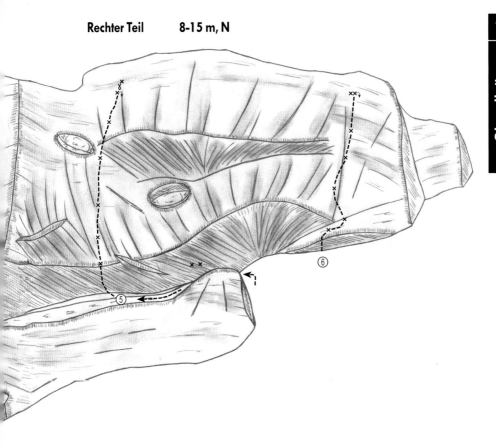

5	Startschuss	8+	H. Röker	Einstieg über Kriechband. Tolle, steile Lochkletterei
6	Outsider	7+	H. Röker	Kurz, steil und kräftig bis ganz oben

1.28 Schönberg-Alpe

Plattige Wand mit einigen halb fertig gebohrten Routen, die Kletterei in hervorragendem Kalk versprechen. Ambitionierte Erschließer sollten jedoch jegliche diesbezügliche Tätigkeit vorab mit den Alpbesitzern abklären.

Anfahrt
Auf der B 19 Richtung Oberstdorf. In Fischen rechts ab nach Obermaiselstein. Weiter über den Riedbergpass Richtung Balderschwang. 300 m bzw. 400 m nach der Abzweigung zum Skigebiet Grasgehren befinden sich links der Straße 2 Haltebuchten, hier parken.

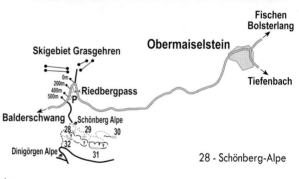

28 - Schönberg-Alpe

Zugang
Der Straße weiter Richtung Balderschwang folgen, bis links ein Feldweg zur Schönberg-Alpe abzweigt (100 m bzw. 200 m ab Parkplatz). Auf diesem bis zur Alpe. Von hier dem Wanderweg Richtung „Besler über Lochbachtal" bergauf folgen. Bereits nach kurzer Wegstrecke befindet sich rechts oberhalb des Weges eine Wand mit einigen Routen/Projekten.
Zugangszeit 20 Minuten.

Gestein
Kalk.

Lage
Ca. 1400 m, frei stehend.

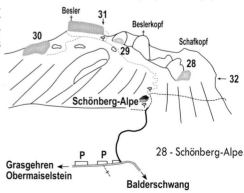

28 - Schönberg-Alpe

Schönberg-Alpe 1.28

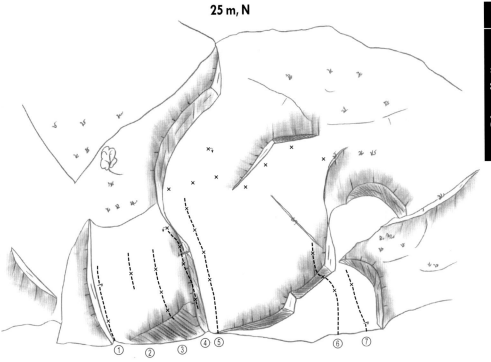

25 m, N

1	Projekt
2	Projekt
3	Projekt
4	Projekt
5	Projekt
6	Projekt
7	Projekt

1.29 Beslerkopf *

Kleinere Wand direkt neben dem Wanderweg zum Besler mit netten Routen, die zu einem Zwischenstopp auf dem Weg zum Besler einladen.

Anfahrt
Auf der B 19 Richtung Oberstdorf. In Fischen rechts ab nach Obermaiselstein. Weiter über den Riedbergpass Richtung Balderschwang. 300 m bzw. 400 m nach der Abzweigung zum Skigebiet Grasgehren befinden sich links der Straße 2 Haltebuchten, hier parken.

Zugang
Der Straße weiter Richtung Balderschwang folgen, bis links ein Feldweg zur Schönberg-Alpe abzweigt (100 m bzw. 200 m ab Parkplatz). Auf diesem bis zur Alpe. Von hier dem Wanderweg Richtung „Besler über Lochbachtal" bergauf folgen. Nach einiger Zeit führt der Wanderweg direkt an einigen kürzeren Kletterrouten vorbei.
Zugangszeit 30 Minuten.

Gestein
Kalk.

Lage
Ca. 1550 m, frei stehend.

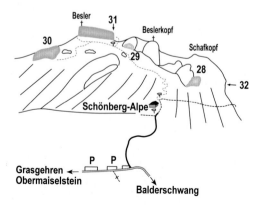

29 - Beslerkopf

Beslerkopf 1.29

15-18 m, N-NW

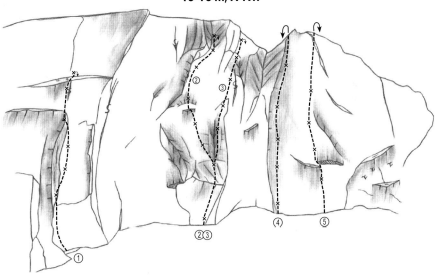

1	Dauerregen	6+	*Klasse Route, gut gesichert*
2	Aktion Treck	7-/7	*Knifflige Stelle in der Mitte*
3	Mama & Papa	6+	*Athletisch im oberen Bereich*
4	Zivi-Kante	5+	*Keine Umlenkung!*
5	Abendweg	~5	*Keine Umlenkung!*

1.30 Beslerwand ***

Foto: Archiv Hölzler

Mächtige Wand mit imposanten, meist sehr steilen Routen. Gute Gesteinsqualität. Die Wand kann bereits von der Passstraße aus auf ihren Feuchtigkeitszustand hin überprüft werden.

Anfahrt
Auf der B 19 Richtung Oberstdorf. In Fischen rechts ab nach Obermaiselstein. Weiter über den Riedbergpass Richtung Balderschwang. 300 m bzw. 400 m nach der Abzweigung zum Skigebiet Grasgehren befinden sich links der Straße 2 Haltebuchten, hier parken.

Zugang
Der Straße weiter Richtung Balderschwang folgen, bis links ein Feldweg zur Schönberg-Alpe abzweigt (100 m bzw. 200 m ab Parkplatz). Auf diesem bis zur Alpe. Von hier dem Wanderweg Richtung „Besler über Lochbachtal" bergauf folgen. Beim Erreichen eines Sattels öffnet sich der Blick ins Illertal und auf den Gipfel des Beslers (Kreuz). Nun etwas sanfter bis zu einem Wegweiser. Weiter geradeaus Richtung „Besler über Klettersteig". Die Wand befindet sich links unterhalb des Weges und wird pfadlos über steile Wiesen absteigend erreicht (in einem Links-Rechtsbogen eine Steilstufe umgehen).
Zugangszeit 45 Minuten.

Gestein
Kalk.

Lage
Ca. 1500 m, frei stehend.

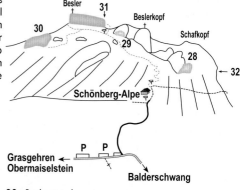

1.30 Beslerwand ***

Linker Teil 30 m, NW

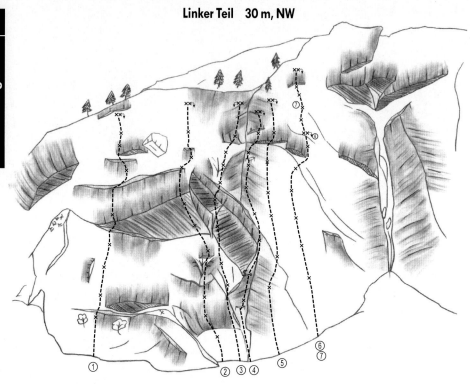

1	Plattenschleicher	8	W. Hölzler	
2	Heißes Eisen	8+/9-	W. Hölzler	
3	Allgäu Express	8-/8	W. Hölzler	
4	Clowns & Helden	7+/8-	W. Hölzler	
5	Rainman	8	W. Hölzler	Runout, aber recht gute Griffe
6	D'r Besler Hit (1. Länge)	6+	W. Hölzler	Bis Karabiner
7	D'r Besler Hit	8+/9-	W. Hölzler	Ganz
8	Rosenkrieg (1. Länge)	6+/7-	W. Hölzler	Bis zum Ring von Affentanz
9	Rosenkrieg	9	W. Hölzler/ J. Andreas?	Ganz
10	Affentanz	9+	W. Hölzler/J. Andreas	Ohne Block links vom 4. Haken 9+/10-
11	Schweine im Weltall	8+/9-	W. Hölzler/J. Andreas	
12	Spiel ohne Grenzen (1.)	8	W. Hölzler	Bis 1. Kette
13	Spiel ohne Grenzen	10-	W. Hölzler/B. Haager	
14	Der kleine Prinz (1.)	7+/8-	W. Hölzler	Bis 1. Kette
15	Der kleine Prinz	8-	W. Hölzler	Bis 2. Kette
16	Kundun	10-	W. Hölzler/B. Haager	Gesamte Route
17	Rocksymphonie	9+/10-	W. Hölzler/B. Haager	
18	Der letzte Mohikaner	8+	W. Hölzler	
19	Der Sonnenkönig	9-	W. Hölzler	
20	Sonnenpfeiler	8-	W. Hölzler	

*** Beslerwand 1.30

Rechter Teil   50 m, NW

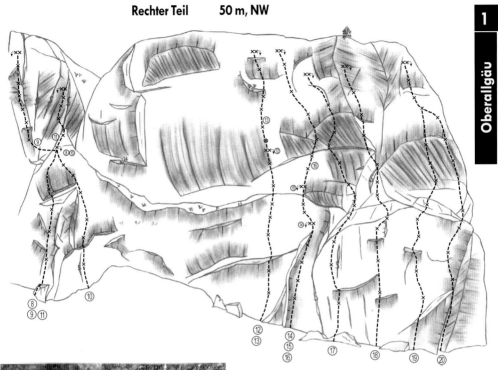

Bene Haager in Affentanz (9+), Beslerwand
Foto: Archiv Hölzler

Portrait

Walter Hölzler, wohnhaft in Thalkirchdorf, erblickte 1965 in Immenstadt das Licht der Welt. Der Urallgäuer hat sich seit seinem zehnten Lebensjahr dem Bergsport verschrieben. Sein Vater, damals Tourenführer beim Alpenverein, war Lehrmeister in Sachen alpines Bergsteigen. Nach einer soliden „Grundausbildung" im Gebirge folgten bereits mit 16 Jahren die ersten schweren Alpenrouten in eigener Führung. Und alpin mag es der gelernte Bergführer und Kletter-Diplomtrainer immer noch. Ab Mitte der 90er Jahre wurde er auch als Erschließer neuer Routen aktiv. So gehen mittlerweile über 70 Erstbegehungen von Ein- und Mehrseillängenrouten auf sein Konto. Darunter auch so entlegene Ziele wie die 1600 m lange Route *Stairway to heaven* (7b/A0) am Bhagirathi III (6454 m) im Himalaya in Indien.

Wichtige Partner bei Unternehmungen waren für ihn unter anderem der Bergführer Bernhard Kriner, mit dem er zusammen als 20-jähriger seine ersten großen Westalpenwände im Winter durchstiegen hat. Mit Robert Jasper war er in Chamonix und im Himalaya unterwegs. Die Wettkampfkletterer Christoph Bucher, Jörg Andreas und Markus Hoppe, die viele seiner Erstbegehungen wiederholen und bewerten durften, lernten bei ihm das Alpinklettern. Jörg Pflugmacher, sein Partner beim erfolgreichen Versuch am Bhagirathi III war mitverantwortlich für seinen größten Erfolg, und nicht zu vergessen Lena, mit der er ihn weit mehr verbindet, als nur das Bergseil.

Klettern ist für Walter seit frühester Jugend eine Art Lebensphilosophie. Die Rätsel, die Mutter Natur vor Jahrmillionen in Stein gemeißelt hat, faszinieren ihn immer wieder von Neuem und motivieren Körper und Geist, diese zu lösen: „*Wenn es gut läuft, habe ich das Gefühl, den Fels lesen zu können, die Bewegungen kommen dann von allein*". Überhaupt, das Naturerlebnis spielt für den Allgäuer eine herausragende Rolle. Deshalb genießt er in besonderem Maße das alpine Gelände, wo er Erstbegehungen wie *Spiderman* an der Roten Flüh (10 SL 9), *Ikarus* am Sebenkopf (8 SL 9-) oder *Schrei aus Stein* an der Gimpel Nordwand (20 SL 9-/9) für sich verbuchen konnte.

Interessant, schön und schwer, aber nie wirklich gefährlich. Diesen Anspruch stellt Walter an seine Kreationen. Mit viel Mühe ist er bestrebt, aus dem Rohdiamant Fels eine lohnende Route herauszukitzeln. Deshalb mag er es auch nicht so recht, wenn in vielen Klettergärten im Meterabstand Routen eingebohrt werden, egal ob schön oder nicht, Hauptsache Konsumware. Wenn überall Expressschlingen herumhängen, alle Griffe mit dicken Magnesiastrichen markiert sind und der Fels zur Kletterhalle, zum einfachen Sportgerät umfunktioniert wird, das ist nicht sein Ding. Denn der seiner Meinung nach schönste Natursport hat für ihn viel mehr zu bieten, als nur das Abspulen von Routen. Aber wenn er sieht, dass andere Kletterer sich über seine Linien im Fels freuen, dann zieht ein stilles Lächeln durch seine Seele.

Johannes Heimhuber beim Bohren am Besler   Foto: Archiv Kindl

*** Besler 1.31

Interessante Klettereien in rauem, oft wasserzerfressenem Gebirgskalk. Nach Sanierungsmaßnahmen (Philipp Kindt, Johannes Heimhuber und Gefährten) stellt diese Wand mittlerweile ein Muss für Liebhaber von Klettergärten mit alpinem Ambiente dar. Viele der alten Routen wurden von Stefan Neuhauser, Reiner Taglinger, Reiner Gleissner und Ralph Hilbig eingerichtet.

Anfahrt
Auf der B 19 Richtung Oberstdorf. In Fischen rechts ab nach Obermaiselstein. Weiter über den Riedbergpass Richtung Balderschwang. 300 m bzw. 400 m nach der Abzweigung zum Skigebiet Grasgehren befinden sich links der Straße 2 Haltebuchten, hier parken.

Zugang
Der Straße weiter Richtung Balderschwang folgen, bis links ein Feldweg zur Schönberg-Alpe abzweigt (100 m bzw. 200 m ab Parkplatz). Auf diesem bis zur Alpe. Von hier dem Wanderweg Richtung „Besler über Lochbachtal" bergauf folgen. Beim Erreichen eines Sattels öffnet sich der Blick ins Illertal und auf den Gipfel des Beslers (Kreuz). Nun etwas sanfter bis zu einem Wegweiser. Hier rechts hoch Richtung „Lochbachtal/Balderschwang" und über eine Scharte zur Südseite des Besler. Direkt links an den Felsen befinden sich die ersten Routen. Folgt man dem Pfad am Wandfuß über eine kleine Steilstufe, so gelangt man zu weiteren Routen. Von hier auf Trittspuren absteigend kommt man zu den rechten Wandbereichen. Diese kann man auch erreichen, indem man den Hauptwanderweg von der Scharte absteigt, dann links Richtung Besler abbiegt und wenn die hohe Wand sichtbar wird, auf einer Pfadspur 30 m links zum Wandfuß empor steigt.
Zugangszeit 40 Minuten.

Gestein
Kalk.

Lage
Ca. 1650 m, frei stehend oder Nadelwald.

1.31 Besler ***

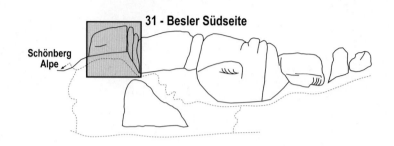

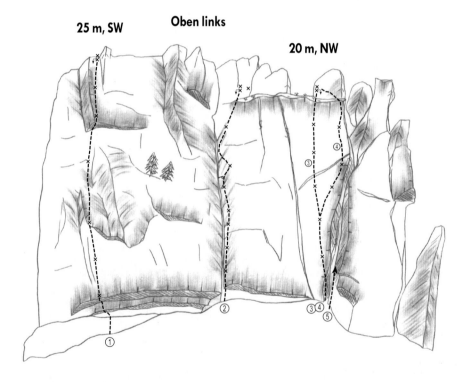

1	Sonnenleiter	6+/7-	S. Neuhauser	*Schwerer Einstieg, der Rest ist deutlich leichter*
2	Hansi Hakenkönig	4+	Gleissner, Neuhauser	*Spreizen hilft hier weiter*
3	Tobis Platte	7-/7	Kindt, Heimhuber	
4	Ohne Teppich	6+	Kindt, Heimhuber	
5		4	Gleissner, Neuhauser	*Einzelstelle in luftiger Höhe, momentan ausgebohrt*

*** Besler 1.31

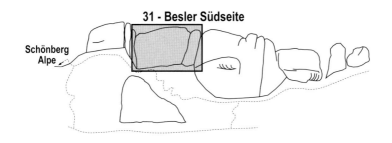

Oben rechts   25 m, SW

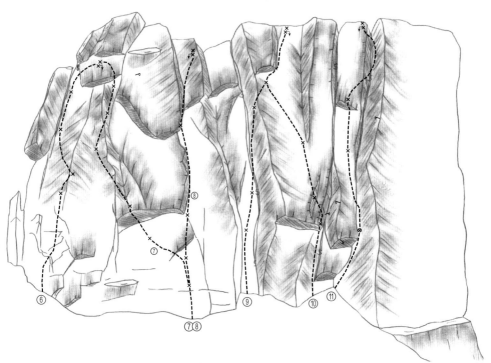

6	D'r old Kronabolt	5-	Hilbig, Neuhauser	*Schwerer, als es aussieht*
7	Mütze	5	S. Neuhauser	*Zur Umlenkung nochmals kräftig*
8	Glatze	5-	S. Neuhauser	*Ungemütlich brüchig*
9	Grüner Teppich	6-	S. Neuhauser?	*Das dicke Ende kommt zum Schluss*
10	Ohne Platte	6/6+	S. Neuhauser?	*Für Liebhaber überhängender Verschneidungen*
11		5	S. Neuhauser?	*Am Ausstieg Ruhe bewahren*

1.31 Besler ***

Unten links   40 m, SW-SO

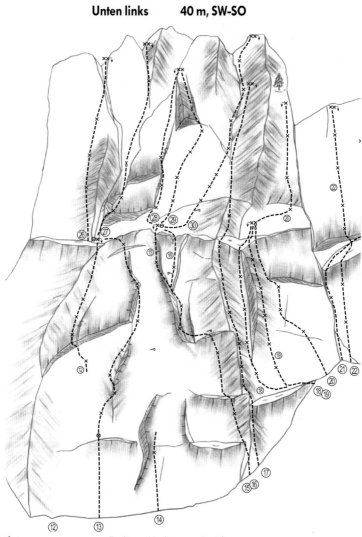

12	Äbsinth		Taglinger, Neuhauser	*Projekt*
13	Orgasmiquepfeiler	7+/8-	Taglinger, Neuhauser	*Klasse Route mit einigen Tücken*
14				
15	Schrei aus Stein 1. SL	5+	Neuhauser, Taglinger	*Schöne Tour*
16	Via Almeria	6-		*Am Ausstieg das Gestein vorsichtig behandeln*
17	Vorsicht scharf	7+		
18	Verschnüppelung	7-/7	P. Kindt, V. Notemann	
19	dr' Waggi	7+/8-	M. Wagner	
20		7-		*Homogene Route mit Rastplatz in Wandmitte*
21	Sonnenallee	6+	M. Wagner	

*** Besler 1.31

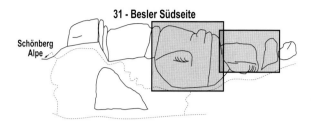

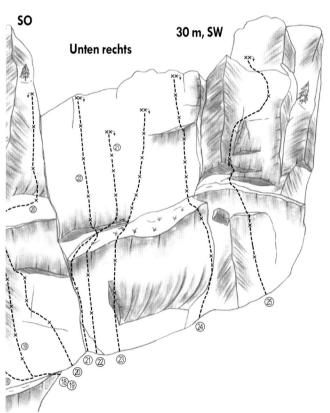

22	Kaltstart	6+/7-	M. Wagner		30 m!
23	Sala aleikum	8-	(M. Wagner)		Athletische Züge mit kniffligem Ausstieg, oben verlängert
24	Bingo Bongo	7	(M. Wagner)		Tolle Route, überraschend einfach, begradigter Zustieg
25					
26			Taglinger, Neuhauser		
27	Trembling guides		Taglinger, Neuhauser		
28		7	Taglinger, Neuhauser		Überhängende Verschneidung
29		7+/8-	Taglinger, Neuhauser		Etwas verbohrt, aber tolle Tour
30	Schrei aus Stein 2. SL	6+	Taglinger, Neuhauser		Vom Band weg am schwersten

1.32 Schafkopf ***

Beeindruckende, gut gesicherte Klettereien in hervorragendem Fels. Die Routen sind nach längeren Regenfällen leider lange nass. Der Zustieg zu den oberen Sektoren (D und E) ist beschwerlich und unangenehm steil.

Anfahrt
Auf der B 19 Richtung Oberstdorf. In Fischen rechts ab nach Obermaiselstein. Weiter über den Riedbergpass Richtung Balderschwang. 300 m bzw. 400 m nach der Abzweigung zum Skigebiet Grasgehren befinden sich links der Straße 2 Haltebuchten, hier parken.

Zugang
Der Straße weiter Richtung Balderschwang folgen, bis links ein Feldweg zur Schönberg-Alpe abzweigt (100 m bzw. 200 m ab Parkplatz). Auf diesem bis zur Alpe. Nun rechts einem Wanderweg rechts Richtung „Lochbachtal, Rohrmoos" folgen. Bereits auf der Rückseite des Berges, noch bevor die Dinigörgen-Alpe in Sicht kommt, führt der Wanderweg aus dem Wald heraus ins Weidegebiet. Hier an einer Rechtskehre (linker Hand befindet sich eine kleine Felswand) geradeaus weiter entlang der Felswand, dann auf kaum sichtbarer Pfadspur etwas absteigend dem Waldrand folgen (im Wald). Dann kurz über den Zaun auf die Weide, gleich wieder linkshaltend in den Wald. An einer kleineren Wand/Grotte vorbei ums Eck zu einer mächtigen Wand mit einem großen Dach im rechten oberen Wandbereich. Hierbei handelt es sich um den ersten Sektor (A). Eine weitere Wand (B) mit etwas plattigeren Routen erreicht man am Wandfuß etwa 100 m nach rechts querend. Etwa 50 m weiter nach rechts und ansteigend gelangt man zu einem weiteren Fels (C). Von hier über eine Steilstufe, dann über einen steilen Grashang bergauf gelangt man zu weiteren Felsen. Links durch eine extrem steile Rinne aufsteigend gelangt man in einen kleinen Canyon mit einer Route (D). Oberhalb befindet sich eine weitere Wand (E), die man erreicht, indem man noch vor dem Canyon-Eingang etwa 50 m entlang einer Felswand nach rechts quert und an ihrem Ende links steil zur Wand emporsteigt. **Zugangszeit je nach Sektor 30-50 Minuten.**

Gestein
Kalk.

Lage
Ca. 1400 m, überwiegend Mischwald.

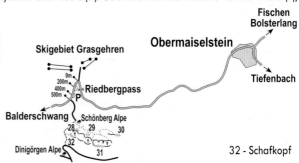

32 - Schafkopf

*** Schafkopf 1.32

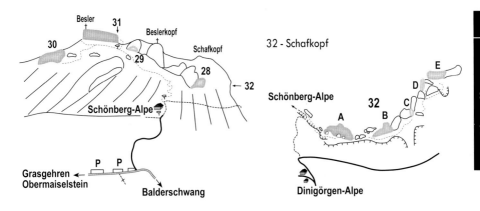

32 - Schafkopf

Sektor A   40 m, S-SW

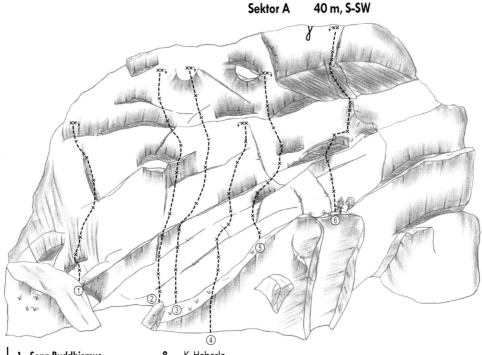

1	Senn Buddhismus	8	K. Heberle
2	Schlachtplatte	9	K. Heberle
3	Weightwatcher	9	K. Heberle
4	Rosenkrieg	9	K. Heberle
5	Almdudler	8	K. Heberle
6			

Beeindruckender Weg durchs Dach

1.32 Schafkopf ***

Sektor B   25 m, SW

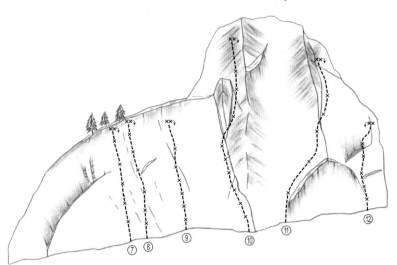

Sektor C   15 m, S

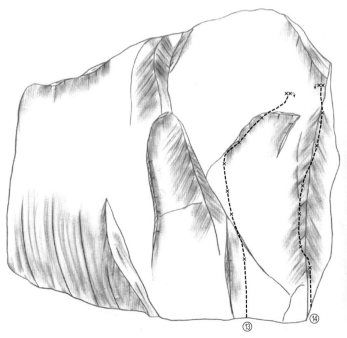

Sektor C

*** Schafkopf 1.32

Sektor D   10 m, SO

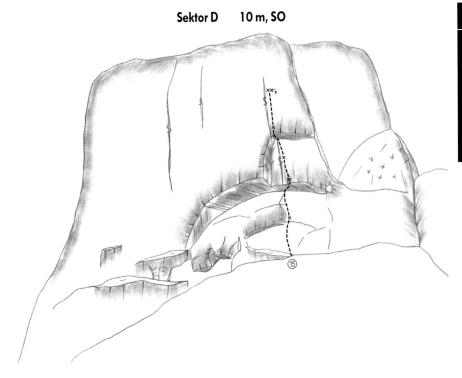

7	Polar	~9	F. Herzog	*Projekt*
8	Im Alleingang	~9	F. Herzog	*Projekt*
9	Wia dahoam	8+	F. Herzog	
10	Einschlagzone	8-	Heberle, Herzog	
11	Free your mind and your ass will follow	6+	Heberle, Herzog	
12	Fehlstart	8-	Heberle, Herzog	
13	Mäusekaputt	7	T.+A. Häring	
14	Falling friend	7+/8-	T.+A. Häring	
15	Sau rau	7-	F. Herzog	

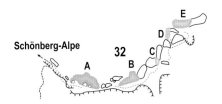

1.32 Schafkopf ***

Sektor E   30 m, SW

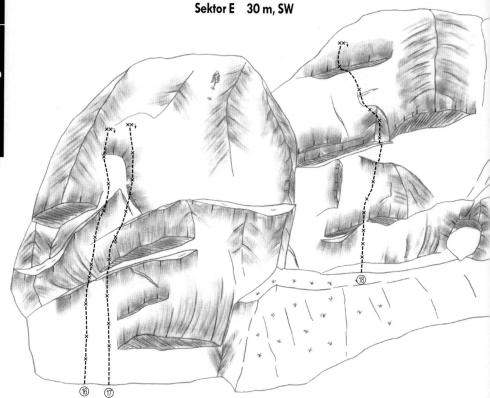

16	Dreizeit	~9+?	F. Herzog	*Projekt, Einzelpassage*
17	Black Master	9-	F. Herzog	*Projekt, Einzelstelle*
18	Das Letzte	8/8+	Heberle, Herzog	

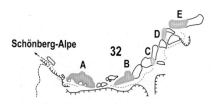

Petra in D'r Besler Hit (6+ | 8+/9-), Beslerwand, Archiv Hölzler

1.33 Neues Tiefenbach **

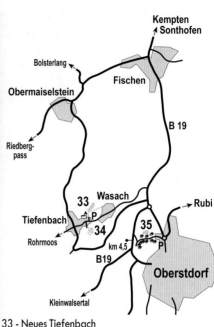

33 - Neues Tiefenbach

Durch die unteren, äußerst kompakten Wandbereiche zieht eine Linie neben der anderen die steilen Wände empor. Viele der klassischen, alten Routen sind mittlerweile saniert und zusammen mit den Erschließungen der letzten Jahre ergibt sich ein breit gefächertes Routenangebot. Im oberen Wandteil gibt es einige ältere Routen von meist härterer Gangart. Insgesamt ein Gebiet mit Zukunft in den obersten Schwierigkeitsgraden.

Anfahrt
Auf der B 19 Richtung Oberstdorf. In Fischen rechts ab und weiter nach Obermaiselstein. Dort links nach Tiefenbach. Im Ort bergab und nach einem Lebensmittelgeschäft links ab zur Kirche („Wasachstraße", gegenüber befindet sich die Abzweigung nach Rohrmoos). Hinter der Kirche links ab und rechter Hand parken.

Zugang
Von hier einem Feldweg (Graf Vojkffy Weg, Jägersberg, Judenkirche...) nach rechts folgen. Dieser wird zum Wanderweg und führt in Kehren bergauf. In einer Linkskehre rechts ab bzw. geradeaus weiter zum Fels.
Zugangszeit 10 Minuten.

Zugang obere Sektoren
Vom Hauptweg auf Höhe der Hütte für Wildfütterung sowie eines größeren Felsblocks links ab und auf Trittspuren steil bergauf zu den Routen.

Klettereinschränkungen
Vom 15.11.-30.04. kein Klettern wegen Wildfütterung.

Gestein
Kalk.

Lage
Ca. 950 m, Laubwald.

Nach Redaktionsschluss erreichte uns die Nachricht, dass hier Bedenken des Grundeigentümers bezüglich Klettern bestehen.
Hier gilt ganz besonders (wie selbstverständlich in anderen Gebieten auch): Sanft klettern, diskretes Auftreten, Natur und Eigentum respektieren!

Neueste Entwicklungen hierzu im Internet unter www.gebro-verlag.de.

** Neues Tiefenbach 1.33

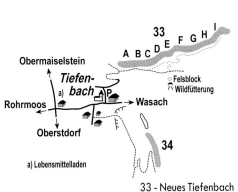

33 - Neues Tiefenbach

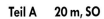

Teil A   20 m, SO

1		J. Mader	*Projekt*
2		C. Benk	*Projekt*
3	6+	R. Eggart	
4	6	R. Eggart	
5	9+	R. Eggart/M. Klaus	
6		R. Eggart	*Projekt*
7		R. Eggart	*Projekt*
8		T. Schäfer	*Projekt*

1.33 Neues Tiefenbach **

Teil B   20 m, SO

8			T. Schäfer	*Projekt*
9			M. Klaus	*Projekt*
10	Zoe	10-/10	M. Klaus/O. Herrenkind	*Hart zu Ruhepunkt, oben nochmals technisch*
11	Route Markus	10-	M. Wagner/Herrenkind	
12		10+	F. Herzog/Herrenkind	*Oldschool Kletterei der härtesten Gangart*
13			M. Klaus	*Projekt*
14			M. Klaus	*Projekt*
15			M. Klaus	*Projekt*
16			M. Klaus	*Projekt*
17			J. Mader	*Projekt*
18		8+/9-	P. Schrott/F. Behnke	*Unten boulderartig, oben in Verschneidung*

** Neues Tiefenbach 1.33

Teil C   30 m, SO

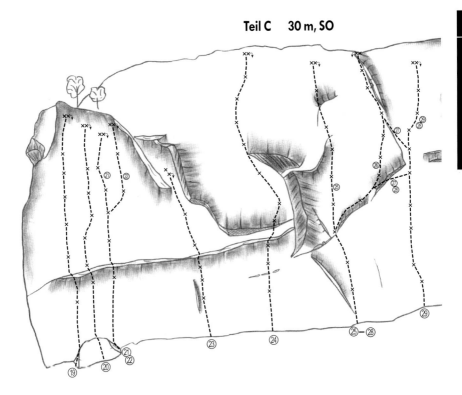

19	9/9+	
20	8+	
21	8-/8	
22	7+/8-	
23	6+/7-	M. Klaus
24	10-	T. Woletz/Herrenkind
25	9+/10-	M. Klaus
26	9	M. Klaus
27	8+	M. Klaus
28	8+	M. Klaus
29	9+	M. Klaus *Technische Wandkletterei*

1.33 Neues Tiefenbach **

Teil D   30 m, SO

30		9?		
31	Kapitaler Bock	8	H. Röker	Abwechslungsreiche Felsfahrt
32		8		Tolle ausdauernde Route
33				Verlängerung, Ausstieg bis über die Kante
34	Kleines Schiff	7-	M. Klaus/M. Hahn	Sehr schöne Kletterei entlang logischer Linie
35	Großes Schiff	8-/8	M. Klaus	Tolle Verlängerung mit hartem Finish
36		7+		Ausdauernd mit weiten Zügen
37	Tratschwelle		U. Röker	Projekt
38	Prof. Dr. Abdul Nachtigaller		U. Röker	Projekt
39		7-/7		Harte Passage im oberen Teil

✶✶ Neues Tiefenbach 1.33

Teil E   20 m, SO-SW

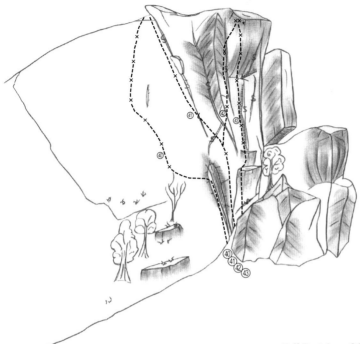

Teil F   12 m, SO

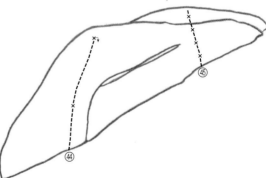

40
41
42
43
44 *Alte Route, spärlich gesichert*
45 *Steigt aus, keine Umlenkung*

1.33 Neues Tiefenbach **

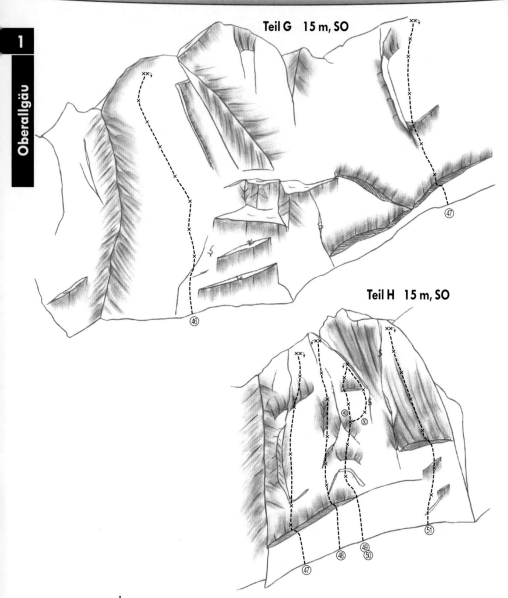

Teil G   15 m, SO

Teil H   15 m, SO

46	Kreuzzug ins Glück	9-	J. Gottfried
47	Boogie Woogie	7	H. Hanser
48	Marmor Stein und Eisen bricht	7	H. Wimmer
49	D'Bony		
50	H2O		
51	Heiliges Kanonenrohr		H. Wimmer

** Neues Tiefenbach 1.33

Teil I 15 m, O-SO

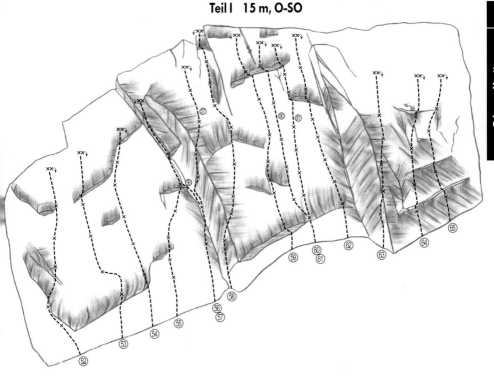

52	Hals- und Beinbruch	8+	H. Wimmer
53	Nirwana	8	H. Hanser
54	Bitte nicht stürzen	7+	H. Wimmer
55	Alléz hopp	8-/8	H. Hanser
56	Black Jack	8-	P. Götzfried, H. Hanser
57	Sledge Hammer	9+?	H. Wimmer, H. Hanser
58	Show time	9/9+	H. Wimmer
59	Red Bull	9+/10-	H. Wimmer, H. Hanser	*Vom Feinsten, athletisch, technisch, ausdauernd*
60	Happy hour	9-	H. Hanser	*Klasse Route mit Spaßpotenzial*
61	Give me rope Joana	9/9+	H. Wimmer, H. Hanser	*Technisch harte Verschneidung gegen oben*
62	Royal flash	9-	H. Hanser
63	Nogger dir einen	8-	H. Hanser
64	Mein lieber Scholli	8-/8	H. Hanser
65	Life is short, play hard	8	H. Hanser

Portrait

Jürgen Schafroth, ein Mann mit vielfältigen Interessen und Sportkletterer der ersten Stunde. Der 1965 geborene Immenstädter hat 1979 den Bergsport für sich entdeckt und ist dem steilen Fels bis heute mit viel Begeisterung treu geblieben. Mit Erstbegehungen wie dem *Pepperfreakweg*, dem *Siebenschläfer* oder dem *Fön*, alle am Grünten gelegen, läutete Jürgen die intensive Erschließungsphase am heimatlichen Gebirgszug ein. Nicht zuletzt durch seinen Beitrag existieren heute so erstklassige Sportkletterarenen wie *Rossberg*, *Nasse Wand*, *Stuhlwand*, *Starzlachklamm* und eines seiner Lieblingsgebiete, der *Ifen*.

Überhaupt, die etwas alpinere Seite bietet Jürgen die größte Herausforderung und so nimmt es nicht Wunder, dass die etwa 35 alpinen Erstbegehungen, die er in Lechtaler und Allgäuer Wänden bisher für sich verbuchen konnte, mit zu seinen persönlichen Highlights gehören. Die bisherige Krönung seiner alpinen Erschließerkarriere war die Entdeckung einer 500 m hohen, noch undurchstiegenen Wand mit perfektem Fels in den Lechtalern. Zwei außergewöhnlich schöne Routen, deren Erstbegehungen ihm besonders in Erinnerung geblieben sind, zieren heute die Wand.

Eine andere Facette von Jürgen führt in geheimnisvolle und dunkle Abgründe, von denen er am besten selbst berichtet:

„Mit die spannendste Zeit war von 1990-2006 die Erforschung des Hölllochs, das mittlerweile zur größten Höhle Deutschlands geworden ist. Einmal im Jahr, meistens im Winter, begann für uns eine einwöchige Reise in die entlegenen Teile des Höhlensystems. Es ist ein abenteuerlicher Weg vom 76 m tiefen Eingangsschacht bis in die tagfernen Höhlenteile. Mehrere Tauchstrecken, Kletterpassagen, Abseilstellen und diverse Engstellen müssen dabei überwunden werden...".

Doch Jürgen ist nicht nur Akteur am Fels, ob über oder unter Tage, sondern steht auch als Filmemacher hinter der Kamera. Begonnen hat das Ganze am Schneck. Die Erstbegehung der alten Ostwand aus dem Jahre 1922 sollte das Thema sein. Aus dem ersten Film sind mittlerweile mehrere und aus dem anfänglichen Experiment „Filme machen" ist für Jürgen Schafroth eine neue Leidenschaft entstanden.

Sein neuestes Projekt, die Ausbildung zum Bergführer, hat Jürgen 2006 begonnen und absolviert dafür gerade sein Praktikum bei der Mammut Alpine School in Memmingen.

Dass er bei all seinen beruflichen und privaten Verpflichtungen dann auch noch Zeit für Sanierungsarbeiten wie am Rossberg findet, den er quasi im Alleingang auf den neuesten Stand der Hakentechnik brachte, kann ihm deshalb nicht hoch genug angerechnet werden. Für ihn war diese Sisyphusarbeit allerdings nicht mal eine Erwähnung wert. Dass wir noch manches von Jürgen hören werden, ist jedenfalls sicher, da ihm seine Berge immer noch jede Menge Herausforderungen bieten. Auf die Frage, welche Entwicklungen im Bergsport für ihn besonders wichtig sind, fällt ihm spontan Folgendes dazu ein:

„In Sachen naturverträglichem Klettersport hat sich im Allgäu in den letzten Jahren vieles zum Positiven verändert. Mit umgänglichen Partnern auf der Naturschutzseite wurden für einige sensible Gebiete gute Regelungen gefunden. Auch Sanierungen werden inzwischen aus der IG-Kasse bezahlt. Mehr Mitarbeit von den Allgäuer Kletterern und eine bessere Regelung in unserem schönsten Klettergebiet, dem Ifen, würde ich mir noch wünschen".

Ein Wunsch, dem man sich nur anschließen kann.

** Altes Tiefenbach 1.34

Vor allem der rechte Wandteil weist einige beeindruckende Dächer auf. Die Schwierigkeiten reichen trotzdem nicht über den neunten Grad hinaus und vor allem Kletterer der mittleren Schwierigkeitsgrade finden hier einiges Betätigungspotenzial. Das Gestein ist meist ziemlich abgegriffen.

Anfahrt
Auf der B 19 Richtung Oberstdorf. In Fischen rechts ab und weiter nach Obermaiselstein. Dort links nach Tiefenbach. Im Ort bergab und nach einem Lebensmittelgeschäft links ab zur Kirche ("Wasachstraße", gegenüber befindet sich die Abzweigung nach Rohrmoos). Hinter der Kirche links ab und rechter Hand parken.

Zugang
Zurück zur Straße, rechts ab, vorbei an Kirche und am Eingang Friedhof links. Nach 30 m links auf einen Wanderweg, bergauf Richtung Sulzburg/Bachtel/Weidach. In den Wald und dem Wanderweg folgen, der direkt zum Fels führt. **Zugangszeit 15 Minuten.**

Gestein
Kalk.

Lage
Ca. 950 m, Laubwald.

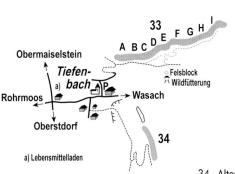
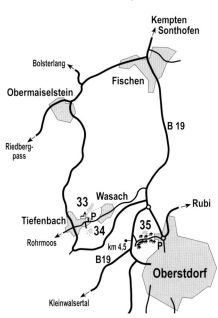

34 - Altes Tiefenbach

1.34 Altes Tiefenbach **

25 m, W-NW

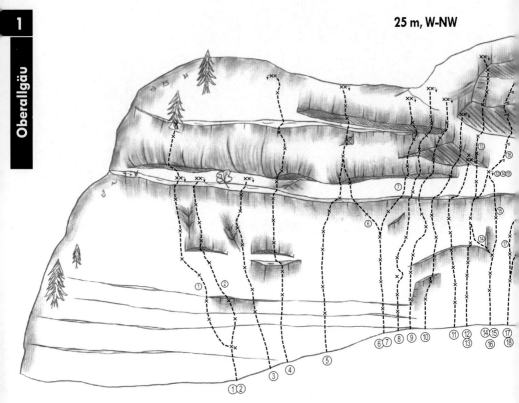

#	Name	Grade	FA	Description
1		5/5+		Brüchig aber ganz nett
2		5		Schwer über den kleinen Wulst
3	Vor a Hias	6-		Durchgängig gar nicht so einfach
4	Quälgeist	7		Am schwersten über den 3. Haken, schöne Tour
5	Froschdächle	7-/7		Klassiker, ein Foothook hilft oben enorm weiter
6		7-/7		Variante
7	New kids on the rock	7	H. Hanser	Vollgas zur Umlenkung
8	Spreizschritt	7		Anhaltend schwer, schöne Route
9	Oma und Opa	7-		Bis zum Ring auf Band 6+
10	Fingerhakeln	8-/8		Harte Einstiegspassage, oben deutlich leichter
11	D'Platte	7-		Oben nochmals kleingriffige Passage
12	Henkel trocken	7	H. Hanser	Unten anhaltend schwer
13	Henkel trocken verlängert	8/8+		Achtung: Haken unter Dach steckt in lockerem Block!
14		6-		Alte Route, bereits ziemlich abgegriffen
15		7-		Variante
16		A?		Alte Technotour

** Altes Tiefenbach 1.34

25 m, W-NW

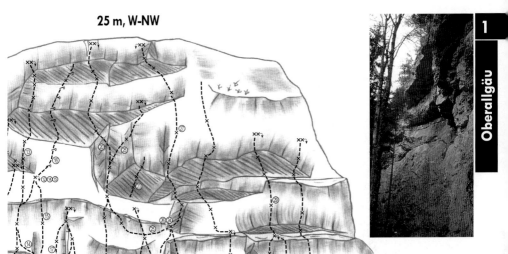

Foto: Archiv Kindt

#	Name	Grade	FA	Notes
17	Zangenpfeiler	7/7+		Etwas gesuchte Linie
18	Altherren 6er	7-/7		Die Ursprüngliche
19	Altherren direkt	8-		Unten hart
20	Footloose	9	H. Wimmer	Die Längste hier
21	Wetten dass	6		2 weite Züge
22		5+/6-		Einstiegsvariante
23		A?		Technotour
24		4-		Kamin
25		4-		Henkelig
26	Variante	7		Resterschließung
27	Kaisertraum	8-	P. Kaiser?	Dach auf Dach...
28	Watch for rocks	9-	H. Hanser	
29	High Voltage	9	H. Hanser	
30		6-		Einstiegsvariante
31	Born to be a looser	8		

Nicki Hölzler in Vor a Hias (6-), Altes Tiefenbach

1.35 Klingenbichl *

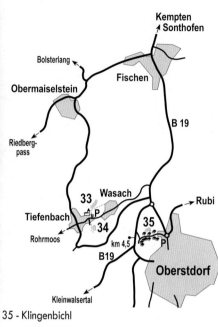

35 - Klingenbichl

Klettergarten der Alpinschule Oberstdorf (www.alpinschule-oberstdorf.de). Geneigte Platten im rechten und steile Wandkletterei im linken Wandbereich. Für den Klettergarten gelten eine ganze Reihe von Sonderregelungen, die in einem Aushang zusammengefasst sind. Gruppen nur per Voranmeldung gegen eine Gebühr, Einzelpersonen dürfen ohne Voranmeldung kostenfrei klettern. Im Klettergebiet gilt eine Helmpflicht.

Anfahrt
Auf der B 19 Richtung Oberstdorf. Nach einer Abzweigung nach Tiefenbach (rechts) folgt ein Kreisverkehr. Hier geradeaus nach Oberstdorf und beim nächsten Kreisverkehr am gebührenpflichtigen Parkplatz P1 parken (3 h = 2 €, 1 Tag = 3 €).

Zugang
Vom Parkplatz auf einer asphaltierten Straße („Am Burgbichl") über den Fluss. An einer Gabelung nach links der Ausschilderung „zum Klettergarten" folgen. An einigen Häusern vorbei zu einem im Verfall begriffenen Gebäude rechter Hand und dem nun geschotterten Feldweg zu einer Scheune direkt rechts neben dem Weg folgen. Vor dieser rechts ab und auf einem Trampelpfad zum Fels.
Zugangszeit 5 Minuten.

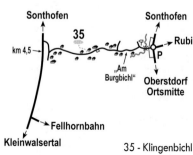

35 - Klingenbichl

Gestein
Sandstein.

Lage
Ca. 850 m, Mischwald.

* Klingenbichl 1.35

30 m, SO

1 Oberallgäu

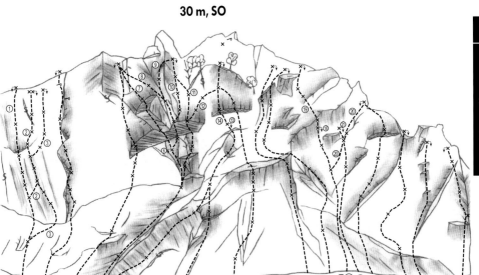

#	Name	Grad	Beschreibung
1	Speckschwarte	7+	Kleingriffiger Einstieg, schöne Wandkletterei
2	Traumtänzer	8+	Träumen allein hilft hier nicht weiter
3	Die Zeit ist schön mit Dir	8+	Wandkletterei mit kleinen Leisten
4	Riss	7-	Traumhafte Linie und klasse Kletterei
5	Superfit	8-	Nur für super Fitte
6	Rampe	4	Reibungskletterei auf schräger Rampe
7	Supernase	6-	Führt über die markante Felsnase
8	Dächle ganz links	5	Quert oben nach links
9	Dächle links	5	Oben super brüchig, besser tief queren
10	Dächle	5+	Sehr schöne Route mit kleinem Dach
11	Dächle rechts	5	Variante übers Dächle
12	Dächle ganz rechts	5+	Quert luftig nach rechts
13	Spitzentanz	6-	Definiert über die Platte, sonst 4+
14	Schuppy	5-	Umlenker sitzt sehr schlecht, besser abseilen
15	Brombeerweg	4+	Schöne einfachere Route
16	Gipfelweg direkt	3+	Direkter Weg zum Gipfel
17	Alter Gipfelweg	3	Alter Weg zum Gipfel
18	Rain in may direkt	5	Etwas gesuchte Direktvariante
19	Ausstieg	4-	Vom Stand weg kommt der Schlüssel
20	Rain in may	3+	Logischer Weg durch die Wand
21		3+	Variante
22	Rutschpartie	5	Unten plattig, oben kleines Dach
23	Alte Platte links	2	Schöne Route für erste Schritte am Fels
24	Alte Platte rechts	3	Toprope-Route
25	Verschneidung	3+	Schöne Verschneidungskletterei

1.36 Laiterstein **

Der etwa 15 m hohe Felsblock kann von 3 Seiten beklettert werden. Die leicht überhängende Ostwand bietet hervorragende Routen in rauem Kalk, der oft mit erstaunlichen Henkeln gespickt ist. Die übrigen Seiten warten meist mit plattiger, gut gesicherter Kletterei auf. Neben schönen, leichten Routen gibt es auch die eine oder andere anspruchsvollere Kletterei.

Anfahrt
Auf der B 19 Richtung Oberstdorf. Nach einer Abzweigung nach Tiefenbach (rechts) folgt ein Kreisverkehr. Hier die erste Straße Richtung Kleinwalsertal. An der folgenden Abzweigung Richtung Fellhornbahn und nun immer der Straße bis zu den kostenpflichtigen Parkplätzen bei der Fellhornbahn Talstation folgen (2,50 €/Tag). Die letzten kostenfreien Parkmöglichkeiten befinden sich rechts direkt vor einem Tunnel.
Ab hier sind es 1,5 km bis zur Fellhornbahn.

Zugang
Gemäß Skizze zum Beginn eines Wanderweges, der direkt neben dem Gebäude der Talstation eines Materiallifts neben der eigentlichen Fellhornbahn beginnt. Dieser führt nach etwa 1 km bergauf direkt am Fels vorbei (immer der Ausschilderung „Kanzelwandhaus", „Alpe Bierenwang" folgen).
Zugangszeit 15-20 Minuten.

Gestein
Kalk.

Lage
Ca. 1000 m, Mischwald.

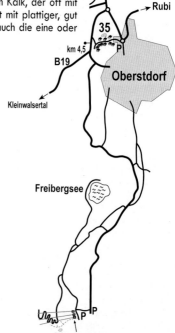

36 - Laiterstein   36 Talstation Fellhornbahn

** Laiterstein 1.36

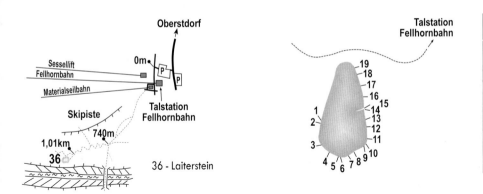

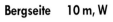

Bergseite   10 m, W

1	7	Schöne, querende Plattenkletterei
2	6-	Etwas kurz, plattig
3 The nightmare	8+	Dumpf klingt der Einstiegsblock! Oben staubige Kante

1.36 Laiterstein **

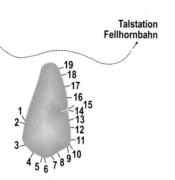

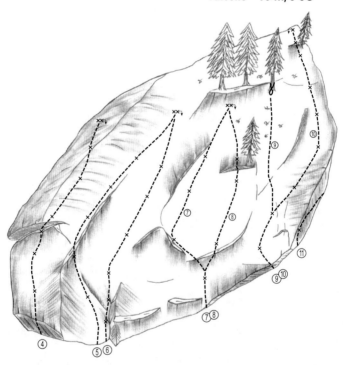

Talseite   15 m, S-SO

4	7-	Einstiegsgriffe sind nicht ganz solide! Oben schöne Platte
5	3+/4-	Schöne leichte Kletterei
6	3+	Anfangs etwas brüchig, dann schön und fest
7	5	Nicht ganz feste Griffe oben
8	3+	Ohne Baum etwas schwerer
9	3+	Oben keine Haken, expo!
10	3+	Super leichte Route

** Laiterstein 1.36

Hauptwand   12 m, O-NO

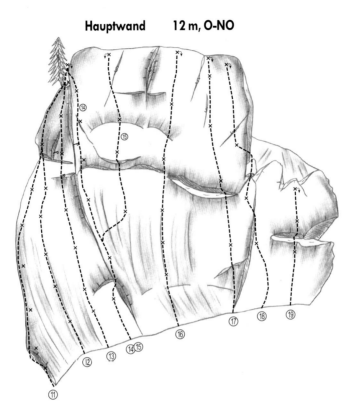

11	Ameisenpfeiler	7+/8-	Überhängende Kante
12		7-	Am Einstieg schwer, dann gute Griffe
13	Action to reaction	7-	Klasse Route, leichter als der erste Blick erwarten lässt
14		6-	Sehr schöne Rissverschneidung
15		7+	Nicht geputzt, oben schöner Riss
16		7+/8-	Schwerer erster Zug
17		5+	Am Einstieg flache Griffe, oben henkelig
18		4-	Großgriffig an ungewöhnlichen Henkeln
19		3+	Leider etwas kurz

1.37 Wäldele **

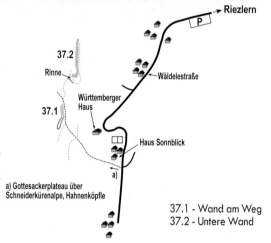

Hervorragender Hochgebirgskalk wechselt mit brüchigen Passagen ab. Die Absicherung ist in der Regel ausgezeichnet und selbst bei leichtem Regen kann hier die eine oder andere durchaus ansprechende Route geklettert werden.

37.1 - Wand am Weg
37.2 - Untere Wand

Anfahrt
Auf der B 19 Richtung Oberstdorf. Nach einer Abzweigung nach Tiefenbach (rechts) folgt ein Kreisverkehr. Hier der ersten Straße ins Kleinwalsertal über die Grenze bis Riezlern folgen. Durch den Ort hindurch und nach einer Brücke rechts in Richtung Ifen/Ifen-Bergbahnen abzweigen. An einer Gabelung rechts Richtung Sportplatz, Kürenalpe, Naturbrücke. An einem großen gebührenpflichtigen Parkplatz linker Hand parken (2,50 €/Tag).

Zugang
Der Straße (Wäldelestraße) bergauf, vorbei am Württemberger Haus bis zum Haus Sonnblick folgen. Direkt danach rechts ab auf den Weg Richtung „Gottesackerplateau über Schneiderkürenalpe, Hahnenköpfle". Steil bergauf bis zum ersten Fels direkt links des Weges. Zum zweiten Fels gelangt man, indem man vom Ende des ersten Felsen einige Meter dem Weg folgt, um dann rechts auf einen schmalen Pfad abzubiegen, der zu einem Felskopf führt. Hier rechtshaltend absteigen und auf Trittspuren zu den Einstiegen. **Zugangszeit etwa 20 Minuten.**

Gestein
Kalk.

Lage
Ca. 1200 m, frei stehend oder Mischwald.

** Wäldele 1.37

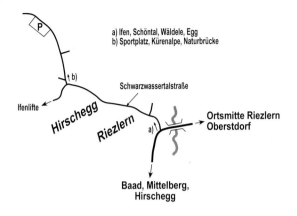

a) Ifen, Schöntal, Wäldele, Egg
b) Sportplatz, Kürenalpe, Naturbrücke

Oberallgäu

15-18 m, O   Wand am Weg

1	7-	Schwere Passage im Riss, nette Route
2	7+	Schwere Stelle vom letzten Haken zur Umlenkung, gute Kletterei
3	6+	Kleingriffiger Start, dann etwas einfacher, gute Route
4	5+	Henkelparade in überhängendem Fels, klasse Tour

1.37 Wäldele **

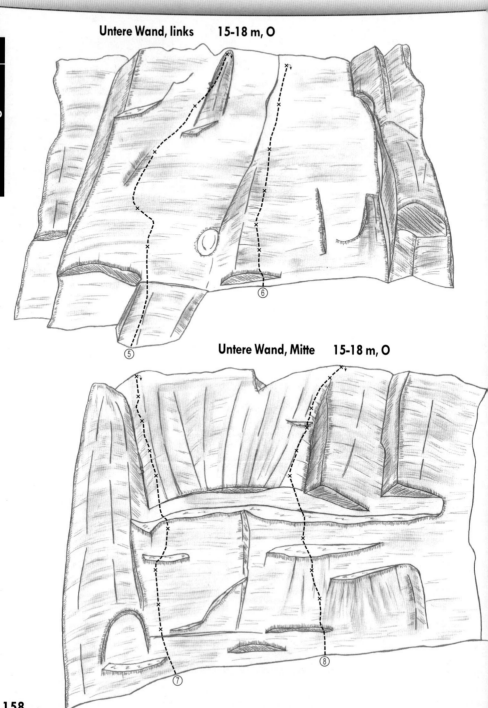

Untere Wand, links   15-18 m, O

Untere Wand, Mitte   15-18 m, O

** Wäldele 1.37

Oberallgäu

5	7-	Platte, zur Umlenkung weit aber nicht besonders schwer, gut
6	6-	Eher splittrige Kletterei im Mittelteil
7	7	Unten steile Wand, oben überhängende Rissverschneidung, tolle Route
8	7-	Einfacher Start, oben überhängende Verschneidung, teils etwas brüchig, gute Tour
9	7	Totaler Bruch übers Dach, Umlenkung in lockerem Block
10	7+/8-	Schwere Platte, oben interessant über Überhang, gute Route
11	7	Oben brüchig, Umlenkung steckt in dubiosem Gestein
12	6	Oben brüchiger Block, im Mittelteil weiter Hakenabstand

Untere Wand, rechts   15-18 m, O

1.38 Auenland **

Es handelt sich hier um einen privaten Klettergarten der Bergschulen Kleinwalsertal (www.bergschule.at) sowie Outward Bound (www.outwardbound.de). Klettern von Gruppen nur auf Anfrage, privat kann jederzeit geklettert werden, solange kein Kursbetrieb stattfindet. Die Bergschulen haften für Unfälle nicht. Im rechten Wandbereich sind Routen zu Schulungszwecken eingerichtet. Wenn Kurse stattfinden, ist dieser Bereich nicht zugänglich. Ebenso ist der Wandbereich um die Route „Vierjahreszeiten" oft nicht zugänglich, da hier häufig Abseilübungen stattfinden.
Der Fels ist plattig bis überhängend und bietet hervorragenden Gebirgskalk. Die meisten Routen sind gut gesichert.

Anfahrt
Auf der B 19 Richtung Oberstdorf. Nach einer Abzweigung nach Tiefenbach (rechts) folgt ein Kreisverkehr. Hier der ersten Straße ins Kleinwalsertal über die Grenze bis Riezlern folgen. Durch den Ort hindurch und nach einer Brücke rechts in Richtung Ifen/Ifen-Bergbahnen abzweigen. An einer Gabelung links halten und weiter Richtung Ifen/Ifenlifte. Die Straße führt direkt am sichtbaren Klettergarten vorbei bis zum gebührenpflichtigen Parkplatz (2,50 €/Tag) bei der Auenhütte und beim Lift.

Zugang
Vom Parkplatz 500 m zu Fuß auf der Straße zurück zu den Felsen.
Zugangszeit 5 Minuten.

Gestein
Kalk.

Lage
Ca. 1250 m, Mischwald.

38 - Auenland

** Auenland 1.38

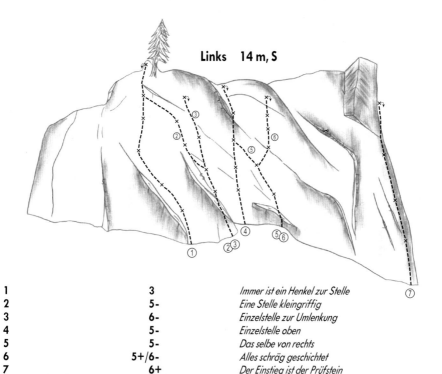

Links   14 m, S

1	3	*Immer ist ein Henkel zur Stelle*
2	5-	*Eine Stelle kleingriffig*
3	6-	*Einzelstelle zur Umlenkung*
4	5-	*Einzelstelle oben*
5	5-	*Das selbe von rechts*
6	5+/6-	*Alles schräg geschichtet*
7	6+	*Der Einstieg ist der Prüfstein*

Oberallgäu

Sektor „Mitte"

1.38 Auenland **

Mitte 17 m, S

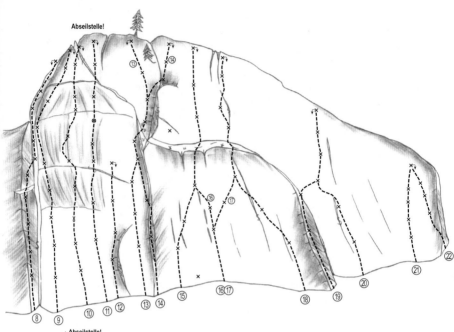

Abseilstelle!
Wandbereich nur bedingt zugänglich!

8		4-	Lange Felsfahrt
9	Nachtfahrverbot	7	Harter Einstieg, dann ausdauernd
10	Vierjahreszeiten	8-	Etwas gewusst wie
11		10-/10	Vermutlich noch Projekt
12		6+	Extrem abgegriffen
13	34 Grad	7-/7	Der Einstieg hat es in sich
14	Oben ohne	7-	Oben kann man viel falsch machen
15	Sch...?	8-/8	Unten schlechte Griffe, oben weite Züge
16	Variante	8-/8	Einstieg etwas einfacher
17		7	Querung heikel
18		7	Unten gewusst wie, oben dran bleiben
19		7	Zusätzliche Begehungen können nicht schaden
20		7	Ohne Spreizen ~8-, lange feucht
21		7+/8-	Kurz aber oho!
22		7	Nicht ganz einfach zu klettern
23		7?	Lange feucht
24		7?	Lange feucht, keine Umlenkung
25		7?	Lange feucht, endet an Holzkonstruktion
26		7?	Lange feucht
...			Routen zu Schulungszwecken

** Auenland 1.38

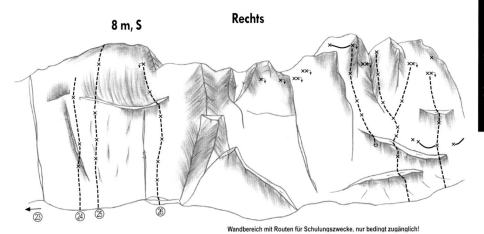

8 m, S   Rechts

Wandbereich mit Routen für Schulungszwecke, nur bedingt zugänglich!

Oberallgäu

1.39 Ifen ***

Wenn man an diesem Fels steht, kommt einem unweigerlich der Vergleich mit Ceüse in Südfrankreich in den Sinn. Leider wird die Freude über solch ein Kleinod in den heimischen Bergen durch eine äußerst rigorose Betretungsregelung getrübt, die auf Betreiben der Jägerschaft mithilfe kaum nachvollziehbarer Gutachten über angebliches Wildverhalten und Einfluss des Kletterns darauf durchgedrückt wurde. Nach vielen Gesprächen mit Erschließern haben wir uns nach reiflichem Überlegen entschlossen, diesen Fels mit der dort gültigen Kletterregelung hier erstmals zu präsentieren. Die Routen sind fast durchweg mit soliden Bohrhaken abgesichert, die Abstände weisen einen deutlich alpinen Touch auf.

Anfahrt
Auf der B 19 von Sonthofen kommend an einem Kreisverkehr vor Oberstdorf der ersten Straße ins Kleinwalsertal über die Grenze bis Riezlern folgen. Durch den Ort hindurch und nach einer Brücke rechts in Richtung Ifen/Ifen-Bergbahnen abzweigen. An einer Gabelung links halten und weiter Richtung Ifen/Ifenlifte. Die Straße führt direkt zum gebührenpflichtigen Parkplatz (2,50 €/Tag) bei der Auenhütte und beim Lift.

Zugang
Mit dem Lift zur Ifenhütte. Von dort dem Wanderweg bergauf folgen, bis der Weg flacher wird. Dort links ab und oberhalb eines großen Felsblocks einer Pfadspur zum Wandfuß folgen (siehe Skizze).
Zugangszeit ca. 35 Minuten. Der Anmarsch zu Fuß beansprucht zusätzlich etwa 40 Minuten bis zur Ifenhütte.

Klettereinschränkungen
Gesperrt von 01.11.-31.03. jeden Jahres.
Klettern nur an folgenden Wochentagen erlaubt:
April-Juni, September-Oktober: Mittwoch + Sonntag, 10-16 Uhr; Juli-August: Mittwoch + Sonntag, 10-17 Uhr.

Gestein
Hochgebirgskalk.

Lage
Freistehend in atemberaubender alpiner Umgebung auf 1800-2000 m Meereshöhe.

*** Ifen 1.39

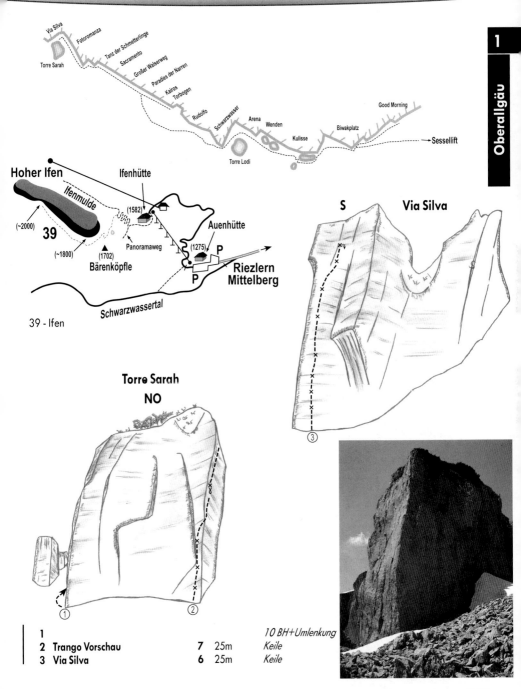

39 - Ifen

1			*10 BH+Umlenkung*
2	Trango Vorschau	7 25m	*Keile*
3	Via Silva	6 25m	*Keile*

1.39 Ifen ***

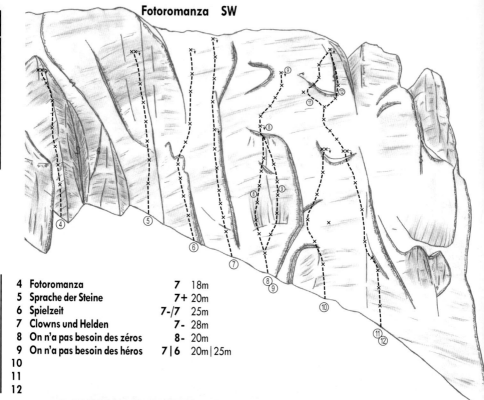

Fotoromanza SW

4	Fotoromanza	7	18m
5	Sprache der Steine	7+	20m
6	Spielzeit	7-/7	25m
7	Clowns und Helden	7-	28m
8	On n'a pas besoin des zéros	8-	20m
9	On n'a pas besoin des héros	7	6	20m	25m
10			
11			
12			

*** Ifen 1.39

Tanz der Schmetterlinge   SW

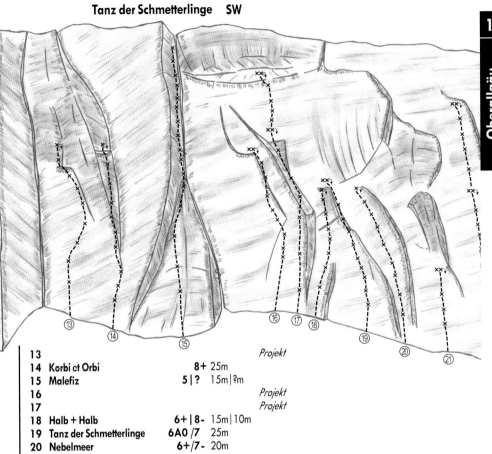

13			
14	Korbi ct Orbi	8+	25m
15	Malefiz	5|?	15m|?m
16		Projekt	
17		Projekt	
18	Halb + Halb	6+|8-	15m|10m
19	Tanz der Schmetterlinge	6A0 /7	25m
20	Nebelmeer	6+/7-	20m
21			

1.39 Ifen ***

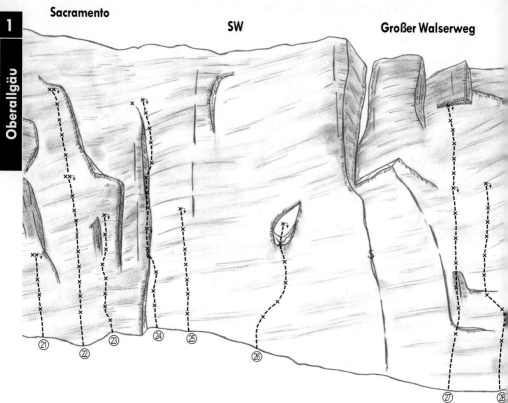

22	Weg nach Sacramento	7	35m
23	Doppelte Verführung	8-	18m
24	I-fan		25m
25			
26			
27	Der große Walserweg	8-	32m
28	Solarium	8	20m
29	Paradies der Narren	8/8+	35m
30			
31	In dubio pro libido	8+/9-	25m
32	Carpe diem	7+	25m
33	Mosaik	8-/8	25m
34	Sherlock Holmes	7+/8-	30m	Einstieg wie Mosaik
35	Tycke	9-	25m
36	Kairos	8-/8	25m
37	Techne	9-/9	25m
38	Weg zu den Blumen	7 | 6+	30m | 15m

*** Ifen 1.39

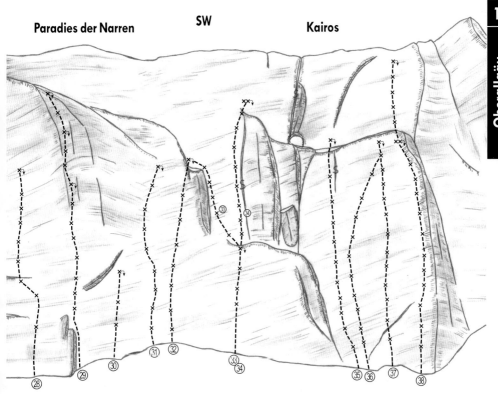

1.39 Ifen ***

*** Ifen 1.39

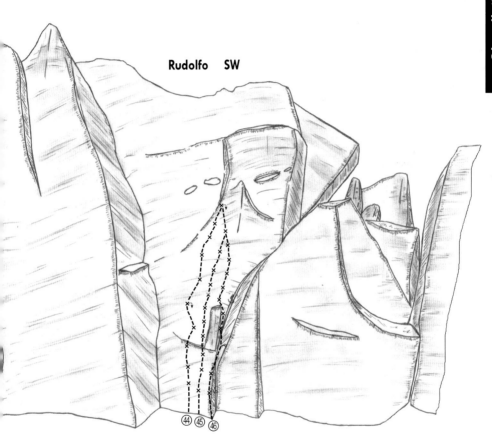

39	Torschlusspanik	8-	20m
40	Tortour	7+	20m
41	Herr der Gezeiten	7+	25m
42			*Projekt*
43			*Projekt*
44	Rudolfo Cioccolata	7	30m
45	Dekadenz	7+/8-	30m
46	Tee und Rum	7+	30m

1.39 Ifen ***

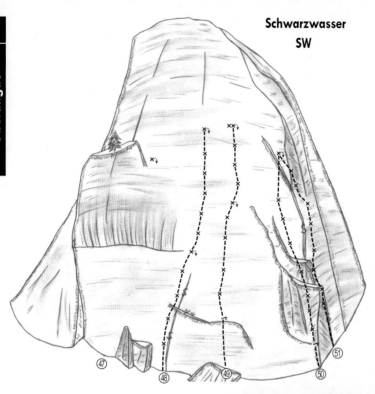

Schwarzwasser SW

47	Projekt		
48	Ifenomenal	8-	25m
49	Helveticum	7/7+	30m
50	Eisblumen	7	25m
51	Schwarzwasserriss	6+	25m

Harald Röker in Schwarzwasserriss (6+), Ifen

Michael Kuderna in Ifenomenal (8-), Ifen

Portrait

Rainer Treppte erblickte 1959 in Dresden fernab der Allgäuer Bergwelt das Licht der Welt. Doch auch dort ereilte den heutigen Wahl-Allgäuer aus Immenstadt der Ruf der Berge. Bereits mit 11 Jahren begann er in der imposanten Felslandschaft des Elbsandsteingebirges seine Kletterkarriere. Wer in diesem Klettergebiet, das bis zum heutigen Tag höchste Ansprüche an Klettern und vor allem Vorstiegsmoral stellt, seine Grundausbildung in Sachen Fels absolviert hat, der sollte auch keine Probleme haben, sich in den Bergen der Welt zurechtzufinden. Diese Aussage sollte sich ab 1985, bereits 4 Jahre vor dem Fall der Mauer auch für Rainer bewahrheiten. Kaum im Westen angekommen, stürzte sich der damals 26-jährige, der es in der DDR immerhin in die Nationalmannschaft Alpinistik geschafft hatte, auf die neuen Möglichkeiten, seine Kletterleidenschaft auszuleben. Obwohl er in der Folgezeit eine ganze Reihe von Erstbegehungen an den „kleinen" Allgäuer Wänden wie *Rossberg*, *Nasse Wand* oder *Ifen* verzeichnen konnte, schlug und schlägt sein Herz für die großen und ganz großen Wände dieser Erde. Sein Routenbuch liest sich deshalb auch dementsprechend und gibt Einblick in ein beeindruckendes Alpinistenleben. Man gewinnt jedenfalls den Eindruck: Rainer Treppte war schon überall. Die *Nordwand* an der Droites, den *Walkerpfeiler* an der Grandes Jorasses kennt er genauso wie *Salathe* oder *The Shield* am El Capitan. Im sturmumtosten Patagonien am äußersten Zipfel von Südamerika, wie auch in der *Eternal Flame* im Karakorum hat der starke Sachse mittlerweile seine Fußspuren hinterlassen und die Liste ließe sich an dieser Stelle beliebig fortsetzen. Wie der gelernte Werkzeugmacher, der aktuell seine Ausbildung zum Bergführer absolviert, dies alles bewältigen konnte, das bleibt sein Geheimnis. Ein Ende seiner Kletterlaufbahn ist jedenfalls noch lange nicht in Sicht.

Wolfgang Hofer, für seine Freunde nur „Wolfi", hat mit seinen mittlerweile 48 Jahren ein beeindruckendes Kletterleben hinter sich gebracht. Der Ruf der Felsen erklang für den im Kindesalter zugezogenen „Vor-Allgäuer" 1974 und er ist ihm bis zum heutigen Tag gefolgt. Nachdem er dann vom Bohrteufel gebissen wurde, haben zwei Schaffensperioden von '86-'90 und '99 bis 2003 dazu geführt, dass Wolfis Routenbuch mittlerweile über 120 Erstbegehungsseillängen aufzuweisen hat. Wohlgemerkt, die Sicherungsmittel wurden dabei fast immer im Vorstieg angebracht. Sein Metier sind dabei vorwiegend Sportkletterrouten, die durchaus auch im alpinen Bereich angesiedelt sind. Die überwiegende Anzahl seiner Erstbegehungen sind jedenfalls Mehrseillängenrouten im Bereich zwischen 6+ und 8.

Wolfgang Mayr (Gründerzeit), Dieter Elsner (alpine Unternehmungen), Bene Karg (Sportklettern), das sind die Kletterpartner, und natürlich die Irmi in allen (Kletter-) Lebenslagen, die ihm auf Nachfrage spontan als die wichtigsten durch den Kopf schießen. Mit ihnen zusammen hat er viele seiner Unternehmungen durchgeführt und tolle Zeiten im und am Fels verbracht. Überhaupt ist dies für den ausgebildeten Bergführer Wolfi ein wichtiger Bestandteil, mit guten Freunden Spaß am Fels haben. Verbissene Wettkampfatmosphäre ist dagegen nicht so sein Ding und der Konsumartikel Fels mit all seinen negativen Begleiterscheinungen erfüllt ihn eher mit Sorge über die Zukunft des geliebten Sports. Dass ihm als Familienvater mit Bürojob doch noch Zeit bleibt fürs Klettern, ist ihm wichtig und nachdem auch die beiden Sprösslinge Freude am senkrechten Sport haben, scheint die Klettertradition im Hause Hofer, die mit seinen bergsteigenden Eltern gegründet wurde, gesichert. Der Vater hat jedenfalls mit Routen bis in den 9. Grad auch dem Nachwuchs einige harte Nüsse zu knacken aufgegeben.

Gefragt nach seinen schönsten Erstbegehungen fallen ihm spontan *Kangtega* (8+/9-) am Kraftwerk (von oben), oder die Vorstiegserschließungen *Paradies der Narren* (8/8+) am Ifen, *Zone 90* (8/8+), *Diebstahl* und *Heelerei* (7+/8-) am Zapfen, *Blinde Welt* (8-) und *Schaftrieb* (8) an der Freispitz, oder *Zeitgeist* (8) an der Krähe ein. Auch wenn er mittlerweile nicht mehr ganz so aktiv am Neutourengeschehen mitwirkt, wird er es sich sicher nicht nehmen lassen, bei günstiger Gelegenheit den einen oder anderen Bohrhaken für uns zu hinterlassen.

*** Ifen 1.39

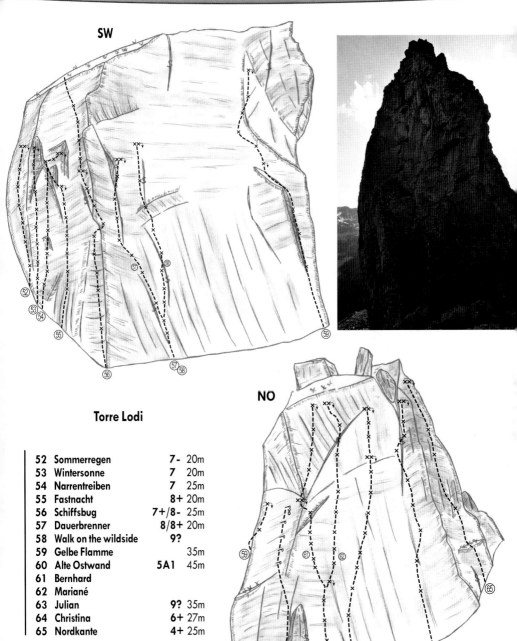

SW

NO

Torre Lodi

52	Sommerregen	7-	20m
53	Wintersonne	7	20m
54	Narrentreiben	7	25m
55	Fastnacht	8+	20m
56	Schiffsbug	7+/8-	25m
57	Dauerbrenner	8/8+	20m
58	Walk on the wildside	9?	
59	Gelbe Flamme		35m
60	Alte Ostwand	5A1	45m
61	Bernhard		
62	Mariané		
63	Julian	9?	35m
64	Christina	6+	27m
65	Nordkante	4+	25m

1.39 Ifen ***

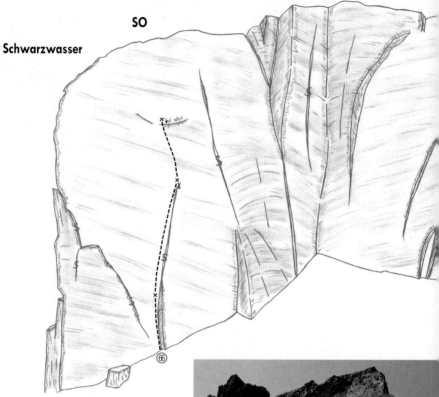

SO
Schwarzwasser

66			
67	Brot + Spiele	8	25m
68	Treppe	8-	35m
69	Arena klassisch	7+	35m
70	Steinerne Arena	7|7+	20m|25m
71	Gespräch der Knechte	7|7+	20m|20m

Vorsicht beim Abbauen. 2. muss bis Mitte nachsteigen, dann ablassen des 1.

*** Ifen 1.39

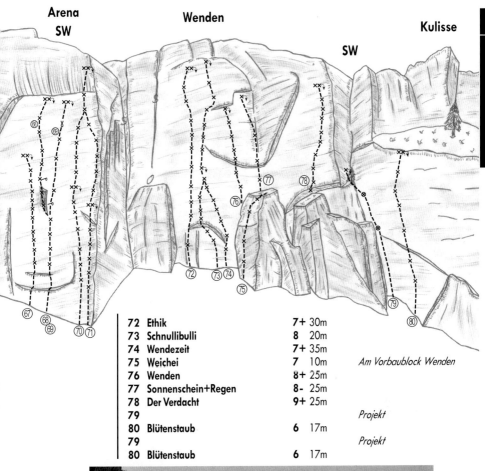

#	Name	Grade	Length	
72	Ethik	7+	30m	
73	Schnullibulli	8	20m	
74	Wendezeit	7+	35m	
75	Weichei	7	10m	Am Vorbaublock Wenden
76	Wenden	8+	25m	
77	Sonnenschein+Regen	8-	25m	
78	Der Verdacht	9+	25m	
79				Projekt
80	Blütenstaub	6	17m	
79				Projekt
80	Blütenstaub	6	17m	

1.39 Ifen ***

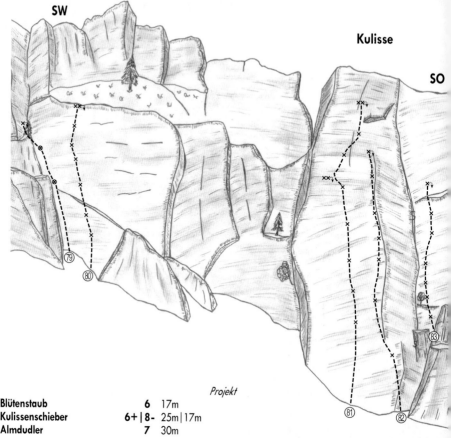

#	Name	Grade	Length	Notes
79				Projekt
80	Blütenstaub	6	17m	
81	Kulissenschieber	6+ | 8-	25m | 17m	
82	Almdudler	7	30m	
83				Projekt
84	Sachsenüberfall	9+		
85	Kuwait	6/6+	20m	
86	Weiße Taube	8	20m	
87				
88	Verschneidung	7- | 6/6+	25m | 13m	Alte Route, Keile
89				
90	Kein schöner Land	8+	30m	
91	Wagnis Orange	8-	25m	
92	Olympia	8-	25m	
93	Unterwegs nach Morgen	7	25m	
94	Mitternachtssonne	8-	25m	
95	Ozon	7/7+	25m	
96	Kollision	9	25m	
97				Projekt

*** Ifen 1.39

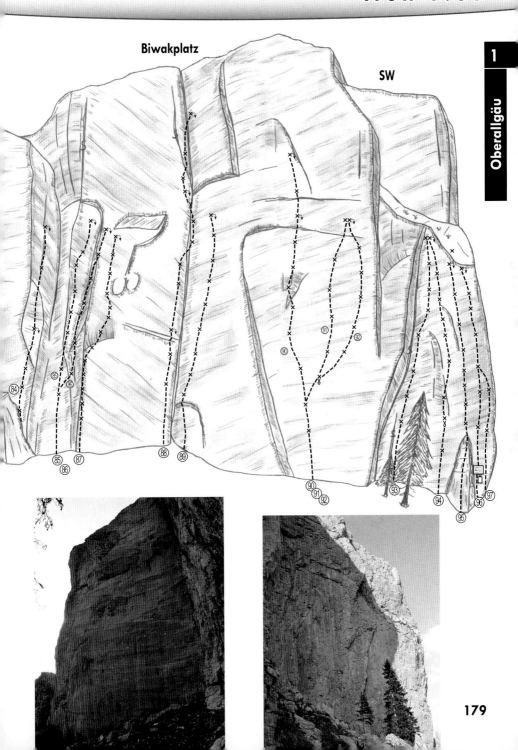

1.39 Ifen ***

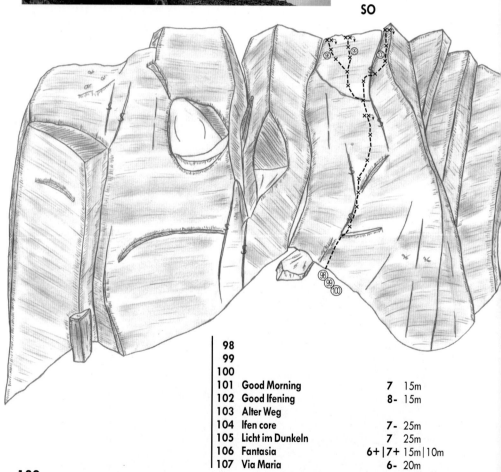

SO

98			
99			
100			
101	Good Morning	7	15m
102	Good Ifening	8-	15m
103	Alter Weg		
104	Ifen core	7-	25m
105	Licht im Dunkeln	7	25m
106	Fantasia	6+ | 7+	15m | 10m
107	Via Maria	6-	20m

*** Ifen 1.39

Good Morning   SO

2 - Region Füssen

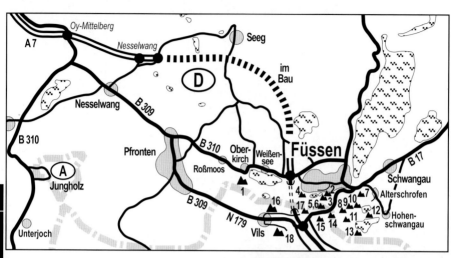

2.1 Neufundland ** 183
2.2 Bad Faulenbach - Tennisplatz-Wand * 186
2.3 Bad Faulenbach - Mittersee-Wand **.. 189
2.4 Bad Faulenbach - Trimm-Dich-Wand * 192
2.5 Schwärzer Wand *** 194
2.6 Grenzwandl.. 197
2.7 Schatzkiste ** 198
2.8 Ziegelwies ** 200
2.9 Obere Schwanseeplatte * 204
2.10 Untere Schwanseeplatte * 206
2.11 Füssener Wändle (Waitl-Wändle)**.. 208
2.12 Schwansee-Wand * 214
2.13 Israelit... 216
2.14 Weißhaus ** 218
2.15 Kraftwerk-Wand **** 223
2.16 Vilser Platte **................................... 236
2.17 Ländenplatte ** 240
2.18 Eiserne Wand ** 242

Florian Behnke in Zollfrei (7+/8-), Weißhaus

** Neufundland 2.1

Das Neufundland ist der rechteste Teil des Felsriegels, der oberhalb des Weißensees aus den Wäldern schaut.

Mächtige Wandflucht, die einige interessante Linien beherbergt. Der rechte Wandteil wird über ein abschüssiges Band von der Seite her erreicht. Hier ist ein Fixseil zur Sicherung angebracht, das derzeit sehr verschlissen ist, jedoch demnächst ausgetauscht werden soll. Daher ist der Zugang momentan noch ziemlich gefährlich. Die Routen selbst sind gut abgesichert.

Anfahrt
Die A 7 Kempten Richtung Füssen an der Ausfahrt Nesselwang verlassen. Nach Nesselwang und weiter auf der B 309 nach Pfronten-Weißbach. Hier der Vorfahrtstraße folgen und auf der B 310 Richtung Füssen. Durch Roßmoos hindurch zum Ortseingang Oberkirch. Direkt nach dem Ortsschild rechts auf einem Parkstreifen parken.

Zugang
Von hier aus einem asphaltierten Weg zum See hinab folgen und nach rechts entlang des Seeufers bis zur hinteren See-Ecke (Bank und Schild Durchfahrtsverbot Fahrräder). Hier rechts auf eine Pfadspur, die zunächst rechts entlang eines kleinen Baches verläuft. Vor einer Steilstufe auf die linke Bachseite wechseln und nun steil bis sehr steil bergauf, bis der Hang flacher wird. Wenig später erreicht man einen breiten Forstweg. Diesen queren und weitestgehend pfadlos dem Bachlauf weiter leicht rechtshaltend folgen. An einigen Blöcken links vorbei und linkshaltend zu weiteren Felsblöcken. Oberhalb dieser Blöcke liegt die nun bereits sichtbare Wand.
Zugangszeit 30 Minuten.

Gestein
Kalk.

Lage
Ca. 1000 m, Mischwald.

2.1 Neufundland **

20–40 m, NO

1	Reliefpfeiler	6+ W. Mayr	*Die erste Route am Fels, von unten erstbegangen*
2	Hudsonstraße	8- W. Hofer	*Hohle Schuppe, besser erst von Route daneben prüfen!*

** Neufundland 2.1

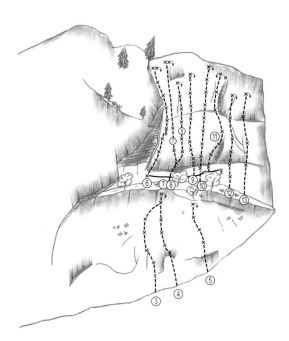

3	Dreiseenblick	6	W. Mayr	*Sieht gar nicht so einfach aus*
4	Florint	7-	W. Mayr	*Nicht besonders steil*
5	Plattentour	7-	W. Mayr	*Plattige Angelegenheit*
6	Terra Incognita	9+	M. Schwiersch	
7	Zerreißprobe	9	M. Schwiersch	*Ob das auf das Fixseil bezogen werden kann?*
8		9	M. Schwiersch	
9	Sturmwarnung	9	M. Schwiersch	
10	Land in Sicht	9-	M. Schwiersch	
11	Labrador	8	M. Schwiersch	
12	Das Gewicht der Seele	9-	M. Schwiersch	
13	Küstenstreifen	7	M. Schwiersch	

2.2 Bad Faulenbach - Tennisplatz-Wand *

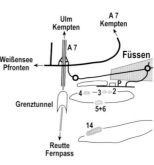

2 - Tennisplatz-Wand

Die Routen im linken Wandbereich führen durch kompaktes, senkrechtes Gestein. Weiter rechts geht es etwas gemäßigter und eher klassisch zur Sache. Gute, boulderartige Routen, leider selten besucht und daher etwas staubig. Der direkt unterhalb gelegene See mit Freibadbereich und der kurze Zustieg bieten vor allem auch Familien ideale Bedingungen.
In der Gegend um den Kurort Bad Faulenbach waren hauptsächlich Ernst Gamperl, Christian Günther und Marcus Lutz aktiv.

Anfahrt
Auf der A 7 Kempten Richtung Füssen (durchgehende Autobahn kurz vor Fertigstellung). Vor dem Grenztunnel an der Ausfahrt Füssen abfahren. Links Richtung Füssen und nach Überqueren der Autobahn an der nächsten Kreuzungsanlage rechts ab nach Füssen Ortsteil Bad Faulenbach. Über einen Kreisverkehr geradeaus weiter und durch Füssen bis zu einem weiteren Kreisverkehr. Hier nach rechts Richtung Ortsteil Bad Faulenbach/Tennisanlagen. Die Straße wird nach kurzer Strecke zur Spielstraße. Nach einer Engstelle rechts der „Alatseestraße" folgen, bis die Tennisplätze linker Hand sichtbar werden (Tennis, Minigolf, Skiflugschanze). Hier auf einem großen Parkplatz rechts der Straße parken.

Zugang
Vom Parkplatz der Straße in das Tal hinein weiter folgen, dann links auf asphaltiertem Fußweg zum „Bad-Café". Vor diesem rechts und gleich wieder links (Schild „Zum Schwärzer Weg"). In der 2. Kehre (Rechtskehre) links ab auf einer Pfadspur zum rechten Wandteil. Auf undeutlichem Pfad zu den linken Wandteilen queren.
Zugangszeit 5 Minuten.

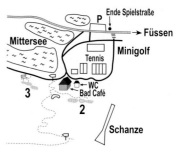

2 - Tennisplatz-Wand

Gestein
Kalk.

Lage
Ca. 800 m, Mischwald.

* Bad Faulenbach - Tennisplatz-Wand 2.2

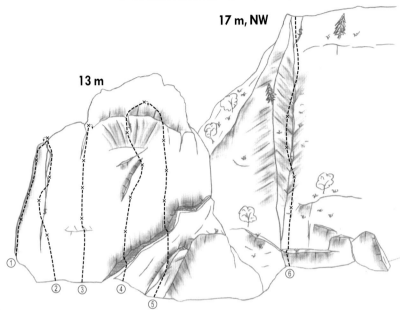

1	Ambivalenz	5+	M. Lutz
2	„Soloriß?!"	8/8+	M. Lutz
3	Runde Sache	10-	E. Gamperl '91
4	Go for it	9-	Gamperl, Lutz
5	Sachsis 'Eggs'	9-/9	C. Günther
6			J. Geiger	Verschneidung, Ende unklar, Projekt
7		~4		Piazschuppe nach links
8	Topolino	6+	
9	Eiweiß Rambo	8+/9-	C. Günther	Verlängerter Ausstieg bis oben 9/9+ von M. Lutz
10		~6		Keine Umlenkung

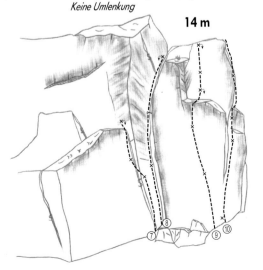

Region Füssen

187

Christian Bindhammer in Mephisto (8+), Kraftwerk-Wand © www.cpfanzelt.de

Andreas Bindhammer in Des Pudels Kern (7), Kraftwerk-Wand © www.cpfanzelt.de

** Bad Faulenbach - Mittersee-Wand 2.3

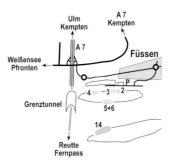

3 - Mittersee-Wand

Ein kurzer Zustieg und die Nähe zum Badesee machen diese Wand besonders geeignet für Familienausflüge. Das Gestein ist kompakt und etwas staubig, da die Wand völlig zu Unrecht selten besucht wird.
In der Gegend um den Kurort Bad Faulenbach waren hauptsächlich Ernst Gamperl, Christian Günther und Marcus Lutz aktiv.

Anfahrt
Auf der A 7 Kempten Richtung Füssen (durchgehende Autobahn kurz vor Fertigstellung). Vor dem Grenztunnel an der Ausfahrt Füssen abfahren. Links Richtung Füssen und nach Überqueren der Autobahn an der nächsten Kreuzungsanlage rechts ab nach Füssen Ortsteil Bad Faulenbach. Über einen Kreisverkehr geradeaus weiter und durch Füssen bis zu einem weiteren Kreisverkehr. Hier nach rechts Richtung Ortsteil Bad Faulenbach/Tennisanlagen. Die Straße wird nach kurzer Strecke zur Spielstraße. Nach einer Engstelle rechts der „Alatseestraße" folgen, bis die Tennisplätze linker Hand sichtbar werden (Tennis, Minigolf, Skiflugschanze). Hier auf einem großen Parkplatz rechts der Straße parken.

Zugang
Vom Parkplatz der Straße in das Tal hinein weiter folgen, dann links auf asphaltiertem Fußweg zum „Bad-Café". Vor diesem rechts und dem Weg entlang des Seeufers ungefähr 100 m folgen. Bei einer Bank (links) führt ein Pfad zur 10 m oberhalb des Weges gelegenen Wand.
Zugangszeit 5 Minuten.

Gestein
Kalk.

Lage
Ca. 800 m, Mischwald.

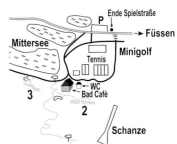

3 - Mittersee-Wand

2.3 Bad Faulenbach - Mittersee-Wand **

Nebenfels 10 m, N-NW

1	Total verbohrt!	~9+/10-	M. Lutz
2	Intermezzo	9-	M. Lutz
3	Pariser Bock	9-	C. Günther
4	Turbo Bagger	8	C. Günther
5	Mister Untergriff	9-	E. Gamperl
6	Sechsminus?	7/7+	M. Lutz
7	Faulpelz	7+/8-	M. Lutz
8	Projekt		
9	Christian-Feucht	8/8+	C. Günther
10	Bärbel-Trocken	8/8+	C. Günther

Extrem boulderartig, vmtl. noch Projekt

** Bad Faulenbach - Mittersee-Wand 2.3

Hauptwand   15 m, N-NW

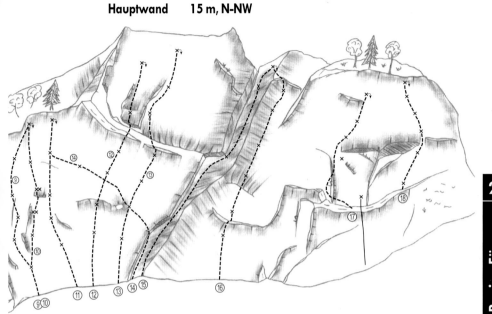

11	Privatweg	9	C. Günther	
12	Alles gegen Dich!	9?	E. Gamperl	Nach Griffausbruch härter geworden
13	Der Wall	9-/9	M. Lutz	Alias: Philosophenweg
14	Diagonal brutal	8+/9-	M. Lutz	
15	Durch's wilde Kurdistan	6+		Keile!
16	Ludmilla	7-		Schwerer Einstieg
17	Die unerbittliche Kraft des Abends	9+	E. Gamperl	Harte Einzelstelle, danach kleine Leisten
18	„?"	9-	M. Lutz	

2.4 Bad Faulenbach - Trimm-Dich-Wand *

Vorwiegend senkrechte Routen mit Einstiegsüberhang im rechten Wandbereich. Lange, großzügige Linien - insbesondere gilt dies für die Top Route am Fels - führen hier zu Unrecht einen Dornröschenschlaf.

Anfahrt
Auf der A 7 Kempten Richtung Füssen (durchgehende Autobahn kurz vor Fertigstellung). Vor dem Grenztunnel an der Ausfahrt Füssen abfahren. Links Richtung Füssen und nach Überqueren der Autobahn an der nächsten Kreuzungsanlage rechts ab nach Füssen Ortsteil Bad Faulenbach. Über einen Kreisverkehr geradeaus weiter und durch Füssen bis zu einem weiteren Kreisverkehr. Hier nach rechts Richtung Ortsteil Bad Faulenbach/ Tennisanlagen. Die Straße wird nach kurzer Strecke zur Spielstraße. Nach einer Engstelle rechts der „Alatseestraße" folgen, bis die Tennisplätze linker Hand sichtbar werden (Tennis, Minigolf, Skiflugschanze). Hier auf einem großen Parkplatz rechts der Straße parken.

Zugang
Vom Parkplatz der Straße in das Tal hinein weiter folgen, dann links auf asphaltiertem Fußweg zum „Bad-Café". Vor diesem rechts und dem Weg entlang des Seeufers bis zu einem zweiten See folgen. Hier weiter am linken Seeufer entlang bis zum See-Ende. Dem Weg bis zu einer Abzweigung nach links („Alatsee") folgen. Hier links und weiter, bis links des Weges die hohe Wand sichtbar wird (Holzschlag). Die Routen befinden sich im linken Wandbereich. Eine Pfadspur führt bei einer Art Schneise (manchmal Bachlauf) durch niederes Buschwerk, danach über freies Gelände im linken Bereich des Holzeinschlags zur Wand, die etwa mittig erreicht wird.
Zugangszeit 30 Minuten.

Gestein
Kalk.

Lage
Ca. 850 m, frei stehend.

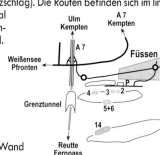

4 - Trimm-Dich-Wand

* Bad Faulenbach - Trimm-Dich-Wand 2.4

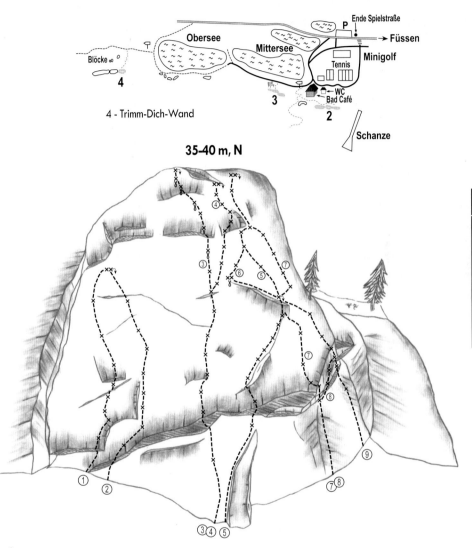

35-40 m, N

#	Name	Grade	First Ascent	Notes
1	Glückssträhne	8+/9-	M. Lutz	
2	Wagnis des Alterns	9	M. Lutz	
3	Langer Weg zum Licht	10..10+	C. Günther?	Tolle Linie, leider wohl oben „nachgeholfen". Vmtl. Proj.
4	Langer Weg zum Glück		B. Karg	Projekt, ca. 9+
5	10 Tage im Sommer	8 | 8/8+	M. Lutz	
6	Variante	8/8+	M. Lutz	2 m lange Linksvariante, nur diese ist ~7+
7	Fall-Linie	9-| 8/8+	M. Lutz	
8	Doppel-Bizeps-Pose links	9	M. Lutz	
9	Doppel-Bizeps-Pose rechts	9	M. Lutz	

2.5 Schwärzer Wand ***

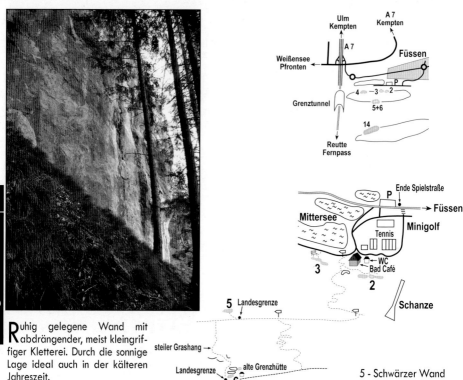

Ruhig gelegene Wand mit abdrängender, meist kleingriffiger Kletterei. Durch die sonnige Lage ideal auch in der kälteren Jahreszeit.

5 - Schwärzer Wand

Anfahrt
Auf der A 7 Kempten Richtung Füssen (durchgehende Autobahn kurz vor Fertigstellung). Vor dem Grenztunnel an der Ausfahrt Füssen abfahren. Links Richtung Füssen und nach Überqueren der Autobahn an der nächsten Kreuzungsanlage rechts ab nach Füssen Ortsteil Bad Faulenbach. Über einen Kreisverkehr geradeaus weiter und durch Füssen bis zu einem weiteren Kreisverkehr. Hier nach rechts Richtung Ortsteil Bad Faulenbach/Tennisanlagen. Die Straße wird nach kurzer Strecke zur Spielstraße. Nach einer Engstelle rechts der „Alatseestraße" folgen, bis die Tennisplätze linker Hand sichtbar werden (Tennis, Minigolf, Skiflugschanze). Hier auf einem großen Parkplatz rechts der Straße parken.

Zugang
Vom Parkplatz der Straße in das Tal hinein weiter folgen, dann links auf asphaltiertem Fußweg zum „Bad-Café". Vor diesem rechts und gleich wieder links (Schild „Zum Schwärzer Weg"). Über Stufen steil bergauf, bis der Weg die Hochfläche erreicht. An einer Abzweigung nach rechts (Wegweiser „Zum Grenzübergang Lechländle"), bis man nach einiger Zeit einen weiteren gleichlautenden Wegweiser erreicht. Nicht dieser Ausschilderung bergab folgen, sondern geradeaus weiter auf einem schmalen Pfad auf der Höhe bleibend, bis man das Schild „Landesgrenze" erreicht. Hier einen Pfad rechts hoch zur sichtbaren Wand. **Zugangszeit 25 Minuten.**

Gestein
Kalk.

Lage
Ca. 900 m, frei stehend oder Mischwald.

*** Schwärzer Wand 2.5

Linker Teil   17 m, S

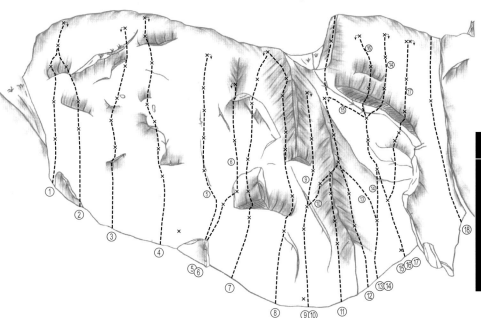

1	Kurzarbeit	8	M. Lutz	Gefährlich und leicht brüchig zum 2. Haken!
2	Durchgezischt	8	M. Lutz	
3	Heb-ab!	8-	M. Lutz	
4	Rathausbecher	7+/8-	M. Lutz	
5	Sanduhrenwandl	8-...8+	M. Lutz	
6	Läppisches Dachl	7-	M. Lutz	
7	Lustbeule	8-/8	M. Lutz	
8	Bierettissima	9-/9	M. Lutz	
9	Holgis Porsche Killer	9-/9	C. Günther	
10	Trickkiste	9-	M. Lutz	
11	Die Sachsen die	9-	E. Gamperl	Direkt 9/9+ M. Lutz
12	Zipperline	9-/9	E. Gamperl	
13	Dreizentimeter	8+	M. Lutz	
14	Die Gelbe	7+/8-	J. Geiger	
15	Heinzelmann	7-	M. Lutz	
16	Kräftig Gelb	8-	A. Bair	
17	Graue Linie	7-/7	J. Geiger	
18				Verschneidung, spärlich gesichert

2.5 Schwärzer Wand ***

Rechter Teil   15 m, S

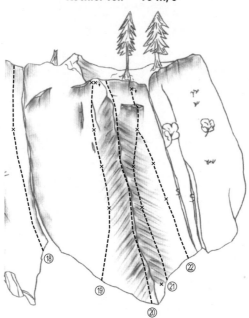

18			Verschneidung, spärlich gesichert
19 Fingercrack	7-/7	J. Geiger	
20 Gelbes Eck	7+	M. Lutz	Toprope
21 Gründerkante	6+	J. Geiger	
22 An der Wand entlang	6+/7-	J. Geiger	

Grenzwandl 2.6

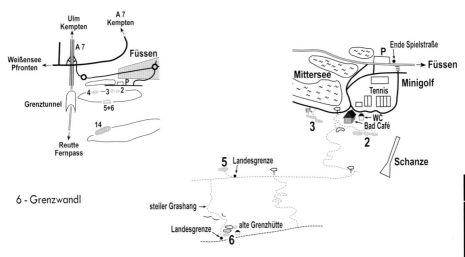

6 - Grenzwandl

Kurze Boulderrouten, derzeit vermutlich noch im Projektstatus. Hier gibt es einen Quergangsboulder von Benni Mutlu.

Anfahrt
Auf der A 7 Kempten Richtung Füssen (durchgehende Autobahn kurz vor Fertigstellung). Vor dem Grenztunnel an der Ausfahrt Füssen abfahren. Links Richtung Füssen und nach Überqueren der Autobahn an der nächsten Kreuzungsanlage rechts ab nach Füssen Ortsteil Bad Faulenbach. Über einen Kreisverkehr geradeaus weiter und durch Füssen bis zu einem weiteren Kreisverkehr. Hier nach rechts Richtung Bad Faulenbach/Tennisanlagen. Die Straße wird nach kurzer Strecke zur Spielstraße. Nach einer Engstelle rechts der „Alatseestraße" folgen, bis die Tennisplätze linker Hand sichtbar werden (Tennis, Minigolf, Skiflugschanze). Hier auf einem großen Parkplatz rechts der Straße parken.

Zugang
Vom Parkplatz der Straße in das Tal hinein weiter folgen, dann links auf asphaltiertem Fußweg zum „Bad-Café". Vor diesem rechts und gleich wieder links (Schild „Zum Schwärzer Weg"). Über Stufen steil bergauf, bis der Weg die Hochfläche erreicht. An einer Abzweigung nach rechts (Wegweiser „Zum Grenzübergang Lech-ländle"), bis man nach einiger Zeit einen weiteren gleichlautenden Wegweiser erreicht. Hier links in Kehren über Stufen bergab auf einen breiten Querweg. Auf diesem nach rechts Richtung Landesgrenze. Direkt an der Grenze befinden sich die beiden kleinen Wände. **Zugangszeit 35 Minuten.**

Gestein
Kalk.

Lage
Ca. 850 m, Mischwald.

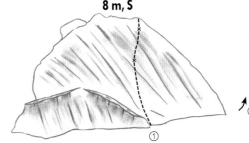

1			*Projekt?*
2	9/9+	T. Licklederer	*Toprope bereits geklettert, allerdings nicht ganz eingebohrt. Offenes Projekt.*

2.7 Schatzkiste **

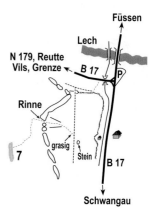

7 - Schatzkiste

Verborgen im tiefen Wald schlummert der Schatz.

Wem es gelingt, den Schatz zu entdecken, der wird mit einigen schönen Routen belohnt. In den älteren Routen muss teils mit etwas größeren Hakenabständen gerechnet werden. Einige zusätzliche Besuche können sowohl der Reproduzierbarkeit des Zustieges wie auch dem Sauberkeitszustand der Routen nicht schaden.

Anfahrt
Auf der A 7 Kempten Richtung Füssen (durchgehende Autobahn kurz vor Fertigstellung) und weiter durch den Grenztunnel Richtung Reutte/Tirol. Nach dem Tunnel an der Ausfahrt „Vils" rechts ab und sofort wieder nach links Richtung Füssen. Erneut über die Landesgrenze, durch die Randbezirke von Füssen hindurch bis zu einer T-Kreuzung. Hier geradeaus auf einen Parkplatz.

Zugang
Entlang der Straße zurück Richtung Reutte und ca. 10 m nach überqueren einer Fußgängerunterführung links weglos die Böschung hinauf bis zu einem Stacheldrahtzaun. Entlang diesem nach rechts, bis man eine Fuhre erreicht. Auf dieser kurz bergauf und bei Felsen links, dort durch ein Gatter auf einen Pfad. Nach etwa 80 m befindet sich links des Pfades ein größerer Steinblock (der Wald ist an dieser Stelle stark grasdurchsetzt). Hier rechts auf sehr schwacher Pfadspur den Hang hinauf durch eine Art Schneise zu einer Rinne, über die man die anschließende Steilstufe überwindet. Am oberen Ende der Steilstufe nach links und etwas ansteigend zur Schatzkiste (siehe auch Skizze).
Zugangszeit 15 Minuten.

Gestein
Kalk.

Lage
Ca. 850 m, Mischwald.

** Schatzkiste 2.7

17 m, N-NW

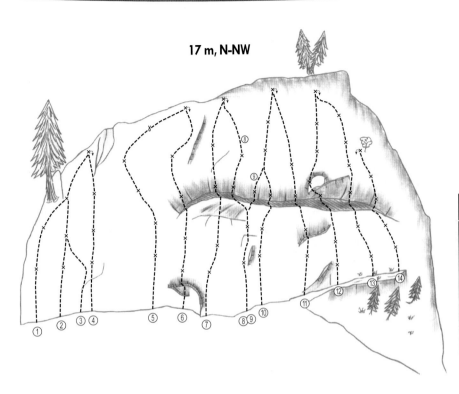

1	Finale	8+	M. Lutz
2			M. Lutz	Projekt
3	Ballett	8+	M. Lutz
4	Arbeitslos	9+/10-	M. Lutz/E. Gamperl
5	Phantast	9	M. Lutz
6	Utopie	8+/9-	M. Lutz
7	Glückspilz	8	M. Lutz
8	Eisenmangel	8-/8	M. Lutz
9	Dachvariante	8+	M. Lutz
10	Powerpeter	8-/8	M. Lutz
11	Premiere	7+	M. Lutz
12	Nachlese	7+/8-	M. Lutz	*Plattiger Einstieg*
13	Spätstarter	8	M. Lutz	*Kräftige Einzelstelle übers Dach, oben plattig*
14	Auskneifer	7+/8-	M. Lutz	*Nette, kürzere Resterschließung*

2.8 Ziegelwies **

Schön gelegener, sonniger Klettergarten. Die meisten Routen sind mittlerweile sehr gut abgesichert, die ehemaligen Toprope-Routen seit einiger Zeit ebenfalls eingebohrt. Der Klettergarten ist ein ideales Übungsgelände für Alt und Jung. Bei den meisten Routen handelt es sich um geneigte Platten.

Anfahrt
Auf der A 7 Kempten Richtung Füssen (durchgehende Autobahn kurz vor Fertigstellung) und weiter durch den Grenztunnel Richtung Reutte/Tirol. Nach dem Tunnel an der Ausfahrt „Vils" rechts ab und sofort wieder nach links Richtung Füssen. Erneut über die Landesgrenze bis zu den Parkplätzen am Lechfall.

Zugang
Vom Parkplatz dem Forstweg zwischen Kiosk und Gasthof bergauf folgen. Nach 550 m (ab Kiosk) führt eine Fuhre zu einer Wand (D) nach links. 100 m weiter führt der Weg (an Weggabelung links halten) direkt am Klettergebiet vorbei (Details siehe Skizze).
Zugangszeit 10 Minuten.

Gestein
Kalkähnlich.

Lage
Ca. 900 m, vorwiegend frei stehend.

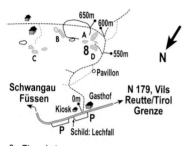

8 - Ziegelwies

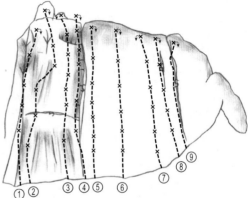

A - Hauptwand   15 m, O

** Ziegelwies 2.8

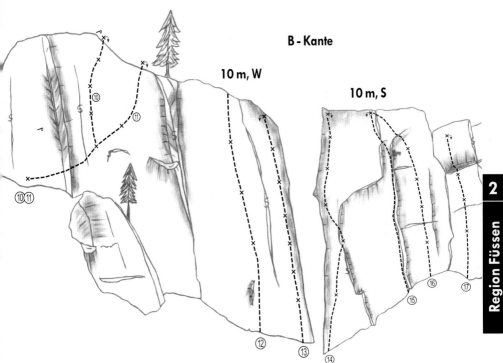

#	Name	Grad	Erstbegeher	Kommentar
1	Linke Kante	3-		Ideal für den Anfang
2	Linke Platte	6	M. Lutz	Gut stehen!
3	Wanne direkt	6		Ohne Kante
4	Riss	3-		Immer den Riss entlang
5	Halbrechte Platte	5-		Da qualmt die Sohle...
6	Rechte Platte	5-		...und die Socke
7	Rechts direkt	4+		Ein, zwei Stellen, der Rest ist einfach
8		3+		Unten leicht
9	Rechts außen	3		Toprope
10		7		Etwas dubiose Umlenkung
11		4-		Schwer abzubauen, besser nachsteigen
12	Regenpartie	8-/8	M. Lutz '85	Alte Bohrhaken, muss saniert werden!
13	Linke Kante	5		
14	Direkte Kante	5+		
15	Rechte Kante	4		Haken von „Kurze Platte" einhängen
16	Kurze Platte	5		
17				

2.8 Ziegelwies **

C - Stadel   10-15 m, S

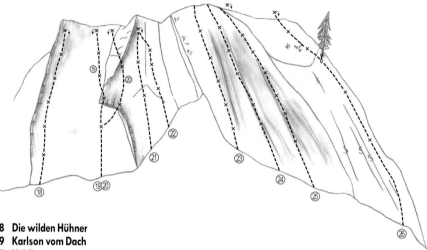

18 Die wilden Hühner
19 Karlson vom Dach
20 Heidi
21 Pipi Langstrumpf
22 Die kleine Hexe
23 Harry Potter
24 Herr der Diebe
25 Die wilden Kerle
26

Diese ehemaligen Toprope-Routen liegen im 3.-5. Grad

D - Hohle Gasse   9 m, S

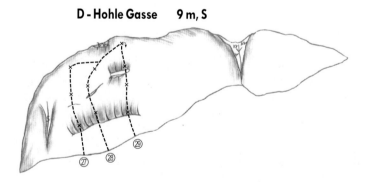

27	6+	M. Lutz	Keine Umlenkung vorhanden
28	5-	M. Lutz	Tolle Henkel unten, oben zur rechten Umlenkung
29	5+	M. Lutz	Kräftig über den ersten Bauch, mit Abschlussdach

GEBRO Verlag
Die etwas anderen Kletterführer

Und einiges mehr....

Der GEBRO Verlag Online-Shop

www.gebro-verlag.de

info@gebro-verlag.de

2.9 Obere Schwanseeplatte *

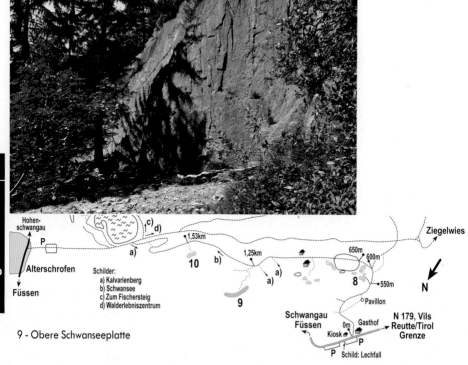

9 - Obere Schwanseeplatte

Ziemlich glatte, steile bis sehr steile (Reibungs-) Platten. Sehr sonnig, ruhige Lage und gemütlicher Zustieg. Viele Routen hier stammen von Marcus Lutz und Jürgen Geiger. Die Wand wurde selektiv saniert, es stecken jedoch noch viele alte Bohrhaken.

Anfahrt
Auf der A 7 Kempten Richtung Füssen (durchgehende Autobahn kurz vor Fertigstellung) und weiter durch den Grenztunnel Richtung Reutte/Tirol. Nach dem Tunnel an der Ausfahrt „Vils" rechts ab und sofort wieder nach links Richtung Füssen. Erneut über die Landesgrenze bis zu den Parkplätzen am Lechfall.

Zugang
Vom Parkplatz dem Forstweg zwischen Kiosk und Gasthof bergauf folgen. Dieser führt nach 650 m direkt am Klettergebiet Ziegelwies vorbei. Dem Weg weiter folgen (links 2 Abzweigungen „Kalvarienberg"). Kurz nach der 2. Abzweigung links eine Fuhre hoch (1,25 km ab Kiosk) und über eine Schotterhalde auf Pfad hoch zur Wand (Details siehe Skizze).
Alternativ kann die Wand auch von Alterschrofen am Schwansee vorbei erreicht werden (siehe Skizze).
Zugangszeit 15-20 Minuten.

Gestein
Kalkähnlich.

Lage
Ca. 850 m, hauptsächlich frei stehend.

* Obere Schwanseeplatte 2.9

15 m, S

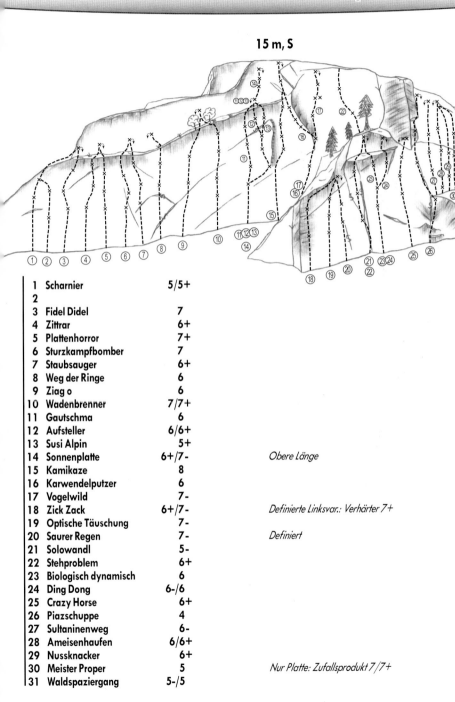

#	Name	Grade	Notes
1	Scharnier	5/5+	
2			
3	Fidel Didel	7	
4	Zittrar	6+	
5	Plattenhorror	7+	
6	Sturzkampfbomber	7	
7	Staubsauger	6+	
8	Weg der Ringe	6	
9	Ziag o	6	
10	Wadenbrenner	7/7+	
11	Gautschma	6	
12	Aufsteller	6/6+	
13	Susi Alpin	5+	
14	Sonnenplatte	6+/7-	*Obere Länge*
15	Kamikaze	8	
16	Karwendelputzer	6	
17	Vogelwild	7-	
18	Zick Zack	6+/7-	*Definierte Linksvar.: Verhärter 7+*
19	Optische Täuschung	7-	
20	Saurer Regen	7-	*Definiert*
21	Solowandl	5-	
22	Stehproblem	6+	
23	Biologisch dynamisch	6	
24	Ding Dong	6-/6	
25	Crazy Horse	6+	
26	Piazschuppe	4	
27	Sultaninenweg	6-	
28	Ameisenhaufen	6/6+	
29	Nussknacker	6+	
30	Meister Proper	5	*Nur Platte: Zufallsprodukt 7/7+*
31	Waldspaziergang	5-/5	

Region Füssen

2.10 Untere Schwanseeplatte *

Nicht ganz so kompakte Reibungsplatten wie an der Oberen Schwanseeplatte. An der unteren Wand hat man zudem noch deutlich mehr Schatten wie oben. Viele Routen hier stammen von Marcus Lutz und Jürgen Geiger. Die Wand wurde teilsaniert, es stecken jedoch noch einige alte Bohrhaken.

Anfahrt
Auf der A 7 Kempten Richtung Füssen (durchgehende Autobahn kurz vor Fertigstellung) und weiter durch den Grenztunnel Richtung Reutte/Tirol. Nach dem Tunnel an der Ausfahrt „Vils" rechts ab und sofort wieder nach links Richtung Füssen. Erneut über die Landesgrenze bis zu den Parkplätzen am Lechfall.

Zugang
Vom Parkplatz dem Forstweg zwischen Kiosk und Gasthof bergauf folgen. Dieser führt nach 650 m direkt am Klettergebiet Ziegelwies vorbei. Dem Weg folgen, vorbei an 2 Abzweigungen „Kalvarienberg" und dem Zustieg zur Oberen Schwanseeplatte, weiter Richtung Schwansee. Nach 1,53 km ab Kiosk auf einer Pfadspur links hoch zur Unteren Schwanseeplatte (Details siehe Skizze). Alternativ kann die Wand auch von Alterschrofen am Schwansee vorbei erreicht werden (siehe Skizze). **Zugangszeit 20 Minuten.**

Gestein
Kalkähnlich.

Lage
Ca. 850 m, Mischwald.

* Untere Schwanseeplatte 2.10

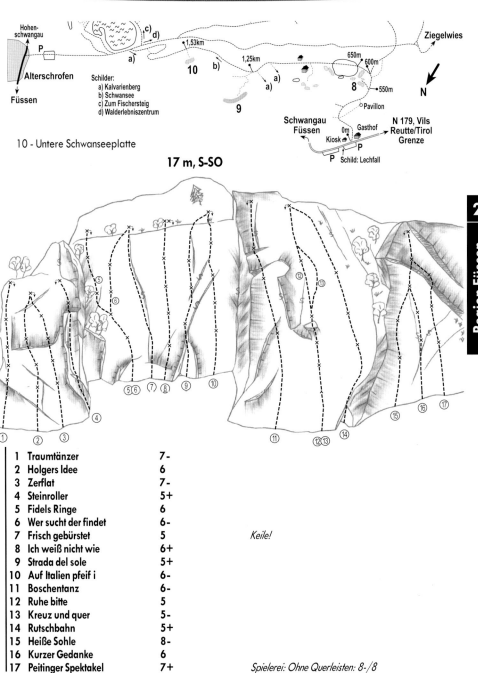

10 - Untere Schwanseeplatte

17 m, S-SO

#	Name	Grad
1	Traumtänzer	7-
2	Holgers Idee	6
3	Zerflat	7-
4	Steinroller	5+
5	Fidels Ringe	6
6	Wer sucht der findet	6-
7	Frisch gebürstet	5
8	Ich weiß nicht wie	6+
9	Strada del sole	5+
10	Auf Italien pfeif i	6-
11	Boschentanz	6-
12	Ruhe bitte	5
13	Kreuz und quer	5-
14	Rutschbahn	5+
15	Heiße Sohle	8-
16	Kurzer Gedanke	6
17	Peitinger Spektakel	7+

Keile!

Spielerei: Ohne Querleisten: 8-/8

207

2.11 Füssener Wändle (Waitl-Wändle)**

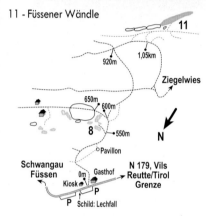

11 - Füssener Wändle

Mächtige Wand mit festem, kompaktem, aber sehr glattem Gestein. Die Routen sind saniert, könnten aber vor allem im Einstiegsbereich noch den einen oder anderen zusätzlichen Haken vertragen. Die Bewertung an dieser Wand ist ziemlich streng und kann auch erfahrene Kletterer vor das eine oder andere Rätsel stellen. Die meisten Routen hier wurden von den unermüdlichen Erschließern Marcus Lutz und Jürgen Geiger eingebohrt.

Anfahrt
Auf der A 7 Kempten Richtung Füssen (durchgehende Autobahn kurz vor Fertigstellung) und weiter durch den Grenztunnel Richtung Reutte/Tirol. Nach dem Tunnel an der Ausfahrt „Vils" rechts ab und sofort wieder nach links Richtung Füssen. Erneut über die Landesgrenze bis zu den Parkplätzen am Lechfall.

Zugang
Vom Parkplatz dem Forstweg zwischen Kiosk und Gasthof 600 m bergauf folgen. An einer Gabelung des Forstweges rechts haltend bergab Richtung „Alpenrosenweg". Geradeaus und an der 2. Kreuzung (920 m ab Kiosk) rechts Richtung Füssen. 130 m weiter (der Weg beschreibt jetzt eine Rechtskurve) und auf einem Pfad 20 m nach links zum parallel verlaufenden Alpenrosenweg. Auf diesem 30 m nach rechts, dann links auf einer Pfadspur hoch zur sichtbaren Wand.
Zugangszeit 15 Minuten.

Gestein
Kalk.

Lage
Ca. 900 m, Mischwald.

Portrait

Marcus Lutz - Als waschechten Kletteroldie bezeichnet sich der heute 46jährige mit einem Augenzwinkern und verweist auf seine lange Kletterlaufbahn. 1975 erfolgte bei einer geführten Kletterroute an der großen Zinne die Initialzündung, Marcus war 13 und die Folge war lebenslange Felssucht. Doch damit kann man leben und Marcus hat eine Menge daraus gemacht. Waren in der Anfangszeit noch Trittleiter und Bollerstiefel notwendiges Utensil bei seinen Unternehmungen, so wurde rasch die aufkommende Freikletterbewegung Ziel seiner Kletterträume. Marcus war von Anfang an mit dabei. Für damalige Verhältnisse konnte er in der Folgezeit einige richtig harte Erstbegehungen für sich verbuchen, Wege wie *Tarzan ohne Wirkungsgrad* an der Kraftwerkwand zeugen davon. Unterwegs war er dabei mit vielen der Klettergrößen aus der Anfangszeit des Sportkletterns. Besonders wichtig waren für ihn Kletterfreunde wie Reinhard Schiestl oder auch Heinz Mariacher, mit denen er so manche Route klettern konnte. Mit Toni Bartenschlager, Andi Bair und beim Bouldern gelegentlich mit Ernst Gamperl ist er auch heute noch gerne unterwegs. Doch bei seinem angespannten Terminkalender als Betriebsleiter eines Werkzeugbaus und Stanzbetriebs ist es für Marcus nicht mehr so einfach, sich für seinen geliebten Sport einigermaßen planbar loszueisen. Kurzfristig Kletterpartner zu finden, ist häufig schwierig und so ist die gute alte Steigklemme oft die einzige Möglichkeit, um die knappe Freizeit am Fels zu verbringen.

Seine Karriere als Erstbegeher hat Marcus in den achtziger Jahren gestartet und in Klettergärten gehen nach bald 27 Erschließerjahren mittlerweile 150 bis 200 Routen auf sein Konto (inklusive Sanierungen). Im alpinen Bereich – gefühlsmäßig seine eigentliche Heimat – konnte er bis heute etwa 40 anspruchsvolle Erstbegehungen für sich verbuchen, Fortsetzung garantiert. Mittlerweile macht Marcus allerdings keinen großen Wind mehr um seine Kreationen und veröffentlicht kaum mehr etwas, er genießt im Stillen und bewahrt so mancher Route ihre Schönheit in Abgeschiedenheit.

Klettern ist für Marcus heute der ideale Ausgleich zum beruflichen „Eingespannt-Sein". Für ihn eine Lebenseinstellung, die auf alle beruflichen und privaten Lebensbereiche ausstrahlt und sich bei richtiger Dosierung als sehr fruchtbar erweist.

Bei der Vielzahl an Erstbegehungen im Laufe seiner Kletterkarriere fällt es Marcus natürlich schwer „die Besondere" zu definieren, aber eine Route wie *Was lange währt* an der Kenzenkopf Nordplatte, gehört für ihn sicher mit zum Besten im achten Grad, was er kennt. Anspruchsvolle Sportkletterrouten wie an seiner *Schatzkiste* klettert er auch heute noch gerne und regelmäßig.

Als alter free-solo Kletterer ist Marcus kein Freund der übermäßigen plaisir Bestrebungen, aber auch kein Befürworter des lebensgefährlichen Purismus-Gedankens. Irgendwo dazwischen liegt für ihn die ideale Zukunft für den Klettersport. Grundsätzlich steht er aber mittlerweile auf dem Standpunkt „leben und leben lassen", Intoleranz gegenüber anderen Sichtweisen hat er aus seinem Leben verbannt.

Das derzeitige Klettergeschehen verfolgt Marcus nach wie vor mit Interesse und hält wo immer möglich den Kontakt zu den noch „voll Aktiven".

Was Marcus letztendlich nach all den Jahren immer noch so am Klettern fasziniert, sagt er uns am besten in seinen eigenen Worten:

„Als Betriebsleiter habe ich wirklich „ein volles Programm" und mit meiner Partnerin in Seefeld auch keine Langeweile...umso schöner ist es aber, sich beim Klettern immer noch, wirklich IMMER NOCH, wie früher zu fühlen, beim Tasten, Sich-Strecken und Durchziehen und was auch immer als nächster Bewegungsablauf folgen mag...".

Neben dem Kletterer gibt es auch noch den Mountainbiker Marcus und wie kaum anders zu erwarten, betreibt er auch diesen Sport sehr intensiv. Für Abwechslung ist im Leben von Marcus Lutz jedenfalls gesorgt.

2.11 Füssener Wändle **

Hauptwand 50-60 m, NW

#	Name	Grade	Erstbegeher	Kommentar
1	Erdferkel	6+	J. Geiger	Tolle Route, bleibt lange feucht
2	Terra Nova	7	J. Geiger	
3	Blutspur (Tag der Arbeit)	6- | 6+ | 6+ | 8- | 6	J. Geiger	4. SL wurde A0 erstbegangen
4	Guat Putzt	6+	J. Geiger	Knallharter Einstieg
5	Bizepsfreuden	7	M. Lutz	
6	Ätzend	8+	M. Lutz	
7	Powermax	7+ | 8 | 7+	M. Lutz	
8	Bierbauch	9-	M. Lutz	
9	Fire	8-	M. Lutz	
10	Fire-Oho	8+	M. Lutz	
11	Oho	8+/9-	M. Lutz	
12	Slipper	7	M. Lutz	Direkt zur Umlenkung: 8-
13	Heelerei	6-	M. Lutz	
14	Inferno	9-/9	T. Huber	
15	Lynn Hill			Offenes Projekt
16	Muffensausen	9- | 8+ | 7+/8-	M. Lutz	
17	Abzug	7+	M. Lutz	
18	Na' gewaltig	9+		Von S. Rohrmoser, M. Lutz, E. Gamperl
19	Don't loose your cool	7 | 7 | 8 | 8+	M. Lutz	Klasse Linie, aber 2. SL sehr staubig
20	Illegal	8	M. Lutz	
21	Flash	9-	S. Glowacz	
22	Hexerei	8	M. Lutz	
23	Tango korrupti	9	M. Lutz	

** Füssener Wändle 2.11

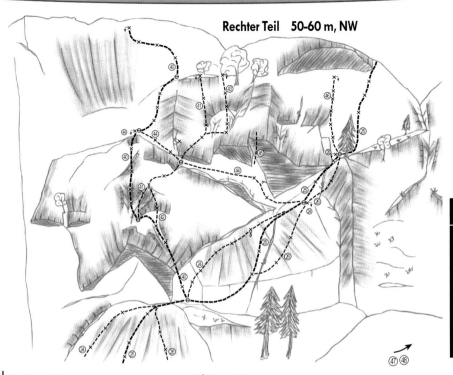

Rechter Teil 50-60 m, NW

24	Status Quo	7 | 7	J. Geiger
25	R. Karl Ged.-Weg	6 | 6- | 6- | 6-	J. Geiger
26	ASP 60	6- | 6	J. Geiger
27	Kernproblem	9-/9	
28	Silberplatten	7- | 7-	M. Lutz
29	Ideallinie	8-	M. Lutz
30	Kraftdreikampf	8+	M. Lutz
31	Zitterpartie	8-	M. Lutz
32	Freifall	7+ | 8	M. Lutz
33	Psychoanalyse	9-	M. Lutz
34	Stöhnerarie	7-...7+	M. Lutz
35	Stehn im Dunkel	7	M. Lutz
36	Momo	9-	R. Tenbrink
37	Sternstunde	8-	M. Lutz
38	Dirty Avenue	9+	H. Weininger *Einstieg über Muffensausen*
39	Short but hort	9-/9	M. Lutz
40	Mein Manager erledigt das für mich	7- | 8 | 8- | 8-	Gamperl, Lutz
41	Sandlerkönig Eberhard	7+ | 8	M. Lutz
42	Schleudersitz	9-/9	M. Lutz
43	Holger im Busch	7	H. Ebeling
44	Aus Spaß wurde Ernst	6- | 6+	E. Gamperl
45			*Projekt*
46	Völlig losgelöst	7+	M. Lutz

2.11 Füssener Wändle **

Ganz rechts   bis 60 m, NW

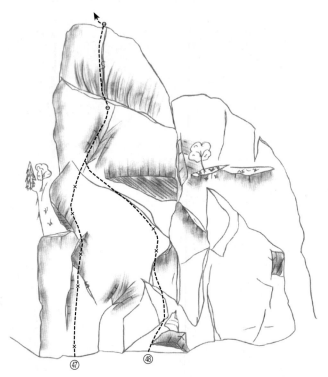

| 47 Entsafter | 7+/8- | M. Lutz |
| 48 Zeckenrisse | 6- \| 7+ | M. Lutz |

Michael Gunsilius in Panama (9+/10-), Kraftwerk-Wand

2.12 Schwansee-Wand *

Mächtige Wand mit einigem Zukunftspotenzial. Es muss allerdings mit dem einen oder anderen lockeren Stein gerechnet werden. Einige zusätzliche Besuche werden die Wand bezüglich Zustieg und Sauberkeit der Routen sicherlich noch aufwerten.

Anfahrt
Auf der A 7 Kempten Richtung Füssen (durchgehende Autobahn kurz vor Fertigstellung) und weiter durch den Grenztunnel Richtung Reutte/Tirol. Nach dem Tunnel an der Ausfahrt „Vils" rechts ab und sofort wieder nach links Richtung Füssen. Erneut über die Landesgrenze bis zu den Parkplätzen am Lechfall.

Zugang
Vom Parkplatz dem Forstweg zwischen Kiosk und Gasthof 600 m bergauf folgen. An einer Gabelung des Forstweges rechts haltend bergab der Ausschilderung „Alpenrosenweg" folgen. An 2 Kreuzungen jeweils geradeaus weiter zum „Alpenrosenweg", den man nach 1,06 km ab Kiosk erreicht. Auf diesem etwa 1 km nach links Richtung „Hohenschwangau", bis im Talgrund der Schwansee beginnt. Rechts oberhalb wird eine mächtige Wand sichtbar. Am besten kurz vor einem größeren Felsblock weglos sehr steil bergauf zur Wand (Details siehe Skizze).
Zugangszeit 25 Minuten.

Gestein
Kalk.

Lage
Ca. 900 m, Mischwald, teilweise frei stehend.

* Schwansee-Wand 2.12

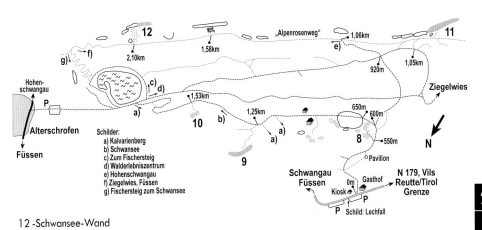

12 - Schwansee-Wand

Schilder:
a) Kalvarienberg
b) Schwansee
c) Zum Fischersteig
d) Walderlebniszentrum
e) Hohenschwangau
f) Ziegelwies, Füssen
g) Fischersteig zum Schwansee

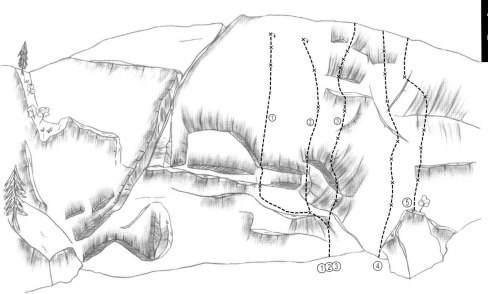

1		Rohrmoser	*Projekt*	
2		M. Lutz	*Projekt*	
3				
4	Was lange währt	9-/9	M. Lutz	
5	Einfahrzeit	8/8+	M. Lutz	

2.13 Israelit

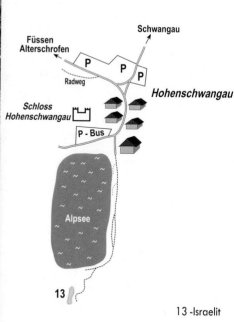

13 -Israelit

Staubig und selten besucht. Bis auf die Route „Hundertwasser" gibt es momentan auch keine Touren, die den weiten Zustieg lohnen würden. Sollte sich die derzeitige Sicherungssituation in den leichten Routen ändern und eventuell das eine oder andere Projekt befreit werden, dann wäre dieser Fels durchaus einen Besuch wert.

Anfahrt
Auf der A 7 Kempten Richtung Füssen (durchgehende Autobahn kurz vor Fertigstellung) und weiter durch den Grenztunnel Richtung Reutte/Tirol. Nach dem Tunnel an der Ausfahrt „Vils" rechts ab und sofort wieder nach links Richtung Füssen. Erneut über die Landesgrenze, durch die Randbezirke von Füssen hindurch bis zu einer T-Kreuzung. Hier rechts und wieder rechtshaltend nach Alterschrofen und weiter zum gebührenpflichtigen Parkplatz für die Königsschlösser bei Hohenschwangau am Alpsee.

Zugang
Vom Parkplatz dem Alpseeweg links des Sees 1,7 km bis zum südlichen Ufer folgen. Am See-Eck fließt ein Bach aus einer Quelle in den See. Wenige Meter danach an einer Weggabelung links bergauf der Ausschilderung „Israelit" 300 m bis zum Fels direkt am Weg folgen. **Zugangszeit 25 Minuten.**

Gestein
Kalk.

Lage
Ca. 900 m, Mischwald.

Israelit 2.13

20 m, S-SO

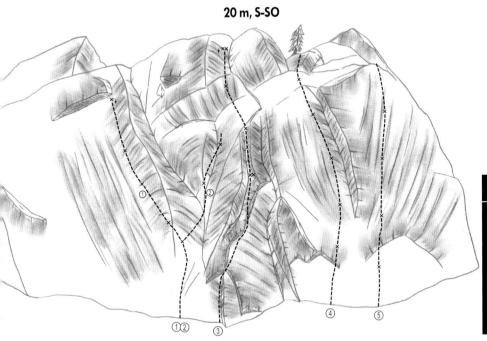

1	Hundertwasser	8/8+	A. Bair	Kompakter Pfeiler
2		6+/7-	H. Ebeling/M.+B. Mutlu	Soll oben nach links queren...!?
3		7-/7	H. Ebeling/M.+B. Mutlu	Keile! Erster Haken extrem hoch!
4			M.+S. Rohrmoser	Projekt
5			M.+S. Rohrmoser	Projekt

2.14 Weißhaus **

Dank Jörg Brejcha wurde die Wand kürzlich um einige schöne Routen in den mittleren Graden bereichert, so dass sie nun eine echte Alternative zur nahe gelegenen Kraftwerkwand darstellt. Die älteren Routen sind noch etwas staubig, was sich jedoch bei regerem Besuch bald legen dürfte. Der neue Sektor „Rock Tirol" hat fast südfranzösisches Flair und an der gesamten Wand lassen sich noch etliche Neutouren erschließen. Der Zustieg ist kurz und da sich der Pfad durchs Unterholz zunehmend austritt, jetzt auch recht angenehm. Einige ältere Routen hier sind von Kemptner Kletterern um Klaus Jordan eingerichtet worden.

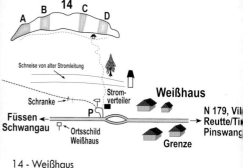

14 - Weißhaus

Anfahrt
Auf der A 7 Kempten Richtung Füssen (durchgehende Autobahn kurz vor Fertigstellung) und weiter durch den Grenztunnel Richtung Reutte/Tirol. Nach dem Tunnel an der Ausfahrt „Vils" rechts ab und sofort wieder nach links Richtung Füssen. In Weißhaus erneut über die Landesgrenze und gleich danach rechts bei einem Forstweg geeignet parken.

Zugang
An einem Wegweiser rechts vorbei den Hang hoch zur Schneise einer ehemaligen Stromleitung. Links von einer großen Fichte auf einen Pfad durchs Buschwerk direkt zum Fels. **Zugangszeit 2 Minuten.**

Gestein
Kalk.

Lage
Ca. 800 m, frei stehend oder niederes Buschwerk.

** Weißhaus 2.14

15 m, NW — Sektor A

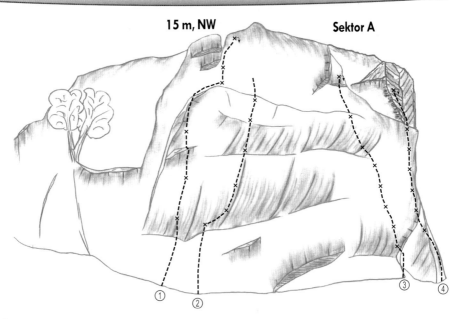

#	Name	Grad	Erstbegeher	Bemerkung
1		8-		*Unten weite Züge, oben einfacher, am Ausstieg links lockerer Block*
2			F. Frieder	*Projekt*
3	Schmugglerpfad	8-/8	J. Brejcha	*Noch sehr splittrig, aber interessant*
4	Kleiner Grenzverkehr	7/7+	J. Brejcha	*Etwas hin und her, ausdauernd und nicht alles fest*

** Weißhaus 2.14

Sektor B - „Rock Tirol" 15-20 m, W

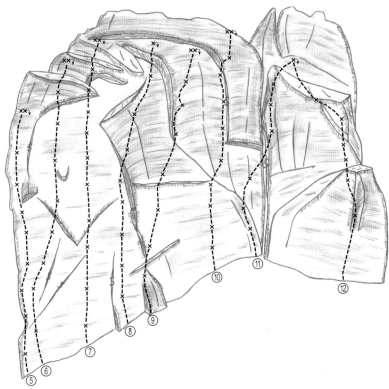

5	Zollfrei	7+/8-	J. Brejcha	Schöne Kletterei, großen Block etwas dezent behandeln!
6	Import	7-/7	J. Brejcha	Nach Griffausbruch etwas einfacher geworden
7	Export	7/7+	J. Brejcha	Klasse Tour, anhaltend schwer
8	Rock Tirol	7-	J. Brejcha	Zur Umlenkung lockerer Block
9	For all the girls ...	7+	J. Brejcha	Im steilen Bereich links der Haken, oben schwere Stelle am letzten BH
10	Kleiner Stinker	6+/7-	J. Brejcha	Die lockere Rippe im Mittelteil ausspreizen
11	Twister sister	6+	J. Brejcha	Interessante Route mit schwerer Einzelstelle
12	Mama mia	7	J. Brejcha	Noch etwas brüchig, schwerer Start

Florian Behnke in Zollfrei (7+/8-), Weißhaus

2.14 Weißhaus **

Sektor C   12 m, NW

Sektor D
14 m, NW

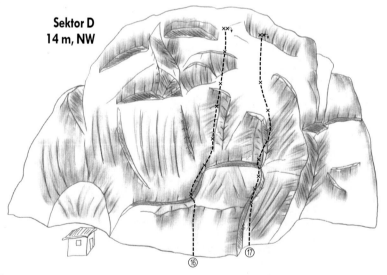

13	Geli & Jonas & Hannes	6-/6
14	Maria Keva	8-/8
15		8
16	La valse de monstre	9/9+
17	Rue des cascades	9

Schreit nach Verlängerung, Umlenkung original klippen ist eher 8+

**** **Kraftwerk-Wand 2.15**

Ein absoluter Top-Fels in der Region. Sowohl die Anzahl der Routen, wie auch die Schwierigkeitsverteilung bieten eigentlich für jeden etwas. Durch die schattige Lage kann selbst im Hochsommer meist problemlos geklettert werden. Der Zustieg zu den einzelnen Sektoren ist teils etwas ungemütlich und häufig mit Fixseilen abgesichert. Sehr schlecht kindergeeignet.
Hier muss extrem auf Zecken geachtet werden!

Anfahrt
Auf der A 7 Kempten Richtung Füssen (durchgehende Autobahn kurz vor Fertigstellung) und weiter durch den Grenztunnel Richtung Reutte/Tirol. Nach dem Tunnel an der Ausfahrt „Vils" rechts ab und sofort wieder nach links Richtung Füssen. Am Kreisverkehr geradeaus, zuerst kurvenreich, dann auf eine lange Gerade. Kurz vor E-Werk (großes Gebäude rechts) rechts auf einen Feldweg abbiegen und geeignet vor einer Schranke parken. Parkplatz-Alternativen siehe Skizze.

Zugang
Dem Feldweg folgen, bis links Pfadspuren zur bereits vom Parkplatz aus sichtbaren Wand führen.
Zugangszeit 5-10 Minuten.

Gestein
Kalk.

Lage
Ca. 800 m, Mischwald.

15 - Kraftwerk-Wand

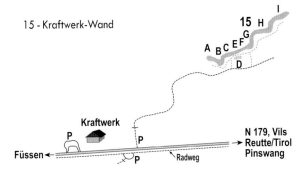

2.15 Kraftwerk-Wand ****

Sektor A   20 m, N

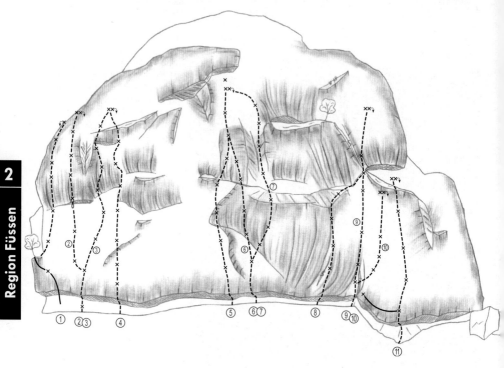

#	Name	Grad	Erstbegeher	Bemerkung
1			C. Gotschke	Projekt
2	Razorblade kiss	9/9+	C. Gotschke	
3	Wo alles begann	9+	A. Bair	
4	Ghostdog	9-/9	C. Gotschke	Viele kleine Seitgriffe, vom 5. zum 6. BH Spannweite
5	Unterwegs	8-/8	A. Bair	Viel lockeres Gestein, unübersichtlich
6	Irgendwie und sowieso	8+	A. Bair	Schwerer Einstieg, besser 3. Haken verlängern
7	Reifeprüfung	9+	A. Bair	Einige harte Züge zu Band, dort noch nicht vorbei
8	Zur Freiheit	8	A. Bair	Unangenehme Standposition
9	Mit freundlicher Genehmigung	8	F. Frieder	Harter Einstieg, oben athletisch
10	Endless summer	8+	C. Gotschke	
11	Chicken run	7/7+	F. Frieder	Etwas kürzer und nicht ganz so steil

Portrait

Felix Frieder - Der mittlerweile in Österreich wohnhafte heute dreißigjährige Felix Frieder hat bereits früh mit der Materie Fels Tuchfühlung aufgenommen. Im noch sehr jugendlichen Alter von 13 Jahren hat er im Alpenverein der Sektion Mindelheim das Klettern für sich entdeckt und ist seiner Leidenschaft bis zum heutigen Tage treu geblieben. Naturverbundenheit aber auch Spaß an der Gesellrigkeit sind ihm in seinem Leben wichtig, wobei sich im Laufe seiner Kletterkarriere durchaus Veränderungen ergeben haben. Waren für ihn in der Anfangszeit noch Kletterleistungen sehr wichtig, für die er auch einige Einschränkungen in Kauf genommen hat, so sieht er heute seine Klettertätigkeit deutlich lockerer, ein asketischer Lebensstil zur Erreichung seiner Kletterziele passte jedenfalls nie in sein Lebenskonzept. Nichts desto trotz hat Felix seit er 1997 mit Erstbegehungen bis 10-/10 im Ostallgäu aber auch weltweit von sich reden machte, einiges erreicht. Wie viele Neutouren dabei auf sein Konto gehen, weiß er selbst nicht so genau, aber so um die 100 Seillängen werden es vermutlich mittlerweile sein. Eine kleine Auswahl seiner Wege sagt dabei mehr als 1000 Worte: *Manara potsiny* eine 600 m lange 8a auf Madagaskar, *Panama* (9+/10-) am Kletterdorado Kraftwerk-Wand oder *Adios Michi* 8/A3 1000 m lang und in Chile gelegen. Seine Routenliste ließe sich beliebig fortsetzen, denn Felix ist zusammen mit seinen Kletterpartnern immer auf der Suche nach tollen Neutourenmöglichkeiten. Freunde/Kletterpartner gibt es auf seinem Weg eine ganze Menge. Besonders zu erwähnen sind hierbei Tom Tivadar, Thomas Kaiser, Silvio Rohrmoser und auch so bekannte Namen wie Toni Lamprecht oder Ines Papert.

Felix' Kletterwelt ist dabei weit gestaffelt und reicht vom Bouldern übers Sportklettern bis hin zu Expeditionen. O-Ton Felix Frieder: „*Jede Spielart taugt mir voll*".

Das Einzige was ihm nicht so richtig in den Kram passt, ist das Klettern in der Halle, dort fehlt ihm einfach der Bezug zur Natur und damit für ihn ein wesentlicher Bestandteil des vertikalen Sports. Lediglich fürs Bouldern kann er sich auch in geschlossenen Räumen erwärmen. Bei passender Musik und mit den richtigen Leuten hat er auch an der Boulderwand bereits tolle Zeiten verbracht. Unvergessen ist für Felix jedenfalls der legendäre Boulderraum in Mindelheim, an den er gerne zurückdenkt.

Wenn am Fels allzu lebhafter Betrieb herrscht oder ihm die Leute nicht so richtig taugen, dann geht Felix lieber radeln oder beschäftigt sich auf andere Art. Wenig Verständnis kann er für Menschen aufbringen, welche die Natur nur als Spielwiese betrachten, um ihre Profilierungssucht auszuleben und dabei kein Auge für deren Schönheit und Einzigartigkeit besitzen. Da geht Felix mit entsprechenden Kletterern schon mal hart ins Gericht. Dass er noch lange den Sport von seiner schönsten Seite genießen kann und ihm noch manch tolle Neutour gelingen wird, ist ihm zu wünschen.

**** Kraftwerk-Wand 2.15

12-18 m, NO

Sektor B

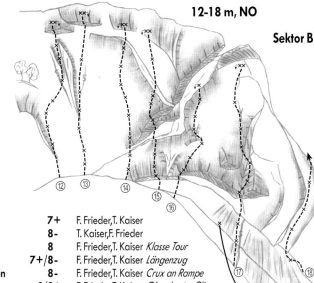

12	Billy der Rindertalgjunge	7+	F. Frieder, T. Kaiser	
13	Dackel Kacke	8-	T. Kaiser, F. Frieder	
14	Claudius der neue Zivi	8	F. Frieder, T. Kaiser	*Klasse Tour*
15	Stop and Go	7+/8-	F. Frieder, T. Kaiser	*Längenzug*
16	Fressen, Ficken, Fernsehen	8-	F. Frieder, T. Kaiser	*Crux an Rampe*
17	Demolitions-Hammer	8/8+	F. Frieder, T. Kaiser	*Oben harter Clip*
18	Fool on the hill	9-/9	F. Frieder, T. Kaiser	*Schmerzhafter Boulder*

Region Füssen

2.15 Kraftwerk-Wand ****

Sektor C 25-30 m, N-NW

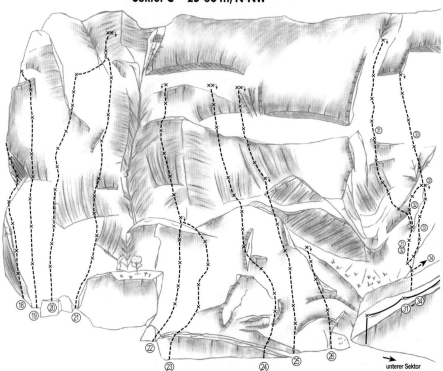

Nr.	Name	Grad	Erstbegeher	Kommentar
19	Rosige Zeiten	9+/10-	A. Bair	*Eigenartige Hakenpositionen, keine Umlenkung*
20	Watergate	10-	C. Winklmair	*Harte Stelle und Kraftausdauer, keine Umlenkung*
21	Im Team	9-/9	E. Gamperl	*Anhaltend an Seitgriffen, oben weitere Abstände+staubig*
22	Stolze Tirolerin	8-/8 | 8	J. Brejcha	*Mehrere harte Züge, 2. Länge von F. Frieder, T. Kaiser*
23	Ahornsirup	8-	J. Brejcha	*Kaum beklettert und staubig*
24	Novemberrain	7+	B. Krenzlehner	*Klasse Route, war mal 7-!*
25	I woaß net	7/7+ | 8/8+		*Gewusst wie! Ganz rauf schwer von Wulst in Platte*
26	Im Gras	6+		*Ganz nett, eigentlich kein Gras*
27		9	J. Brejcha	*Dem Vernehmen nach geklettert und etwa 9*
28	Bunte Vögel	8-/8	J. Brejcha	
29	First Cut	7-/7	J. Brejcha	*Alte Route von Huter/Selb*
30	Nur Mut Johanna	7	J. Brejcha	
31	Großer Lauser	8	D. Elsner	*Interessante, lange Kletterei*
32	Kleiner Lauser	7-/7	J. Brejcha	*Verschneidungskletterei, auf Trockenheit links achten*
33	Mich laust der Affe	7 | 8/8+	W. Hofer	*Schöne Ausdauerroute (2. SL = „Oberlausig")*
34	Merci Max	7+	J. Brejcha	*Entlang Pfeiler, mit Schlingen hängen schwerer*
35	Danke Moritz	7+	D. Elsner, W. Hofer	*Tricky Einstiegswand, unangenehm gesichert*
36	Fred Feuerstein	8+	B. Krenzlehner	*Boulderstelle am 2. BH, dann Genuss*
37	Spucke im Lech	8/8+	J. Brejcha	*Boulderstelle am 2. BH, weit zum 3. BH!*

**** Kraftwerk-Wand 2.15

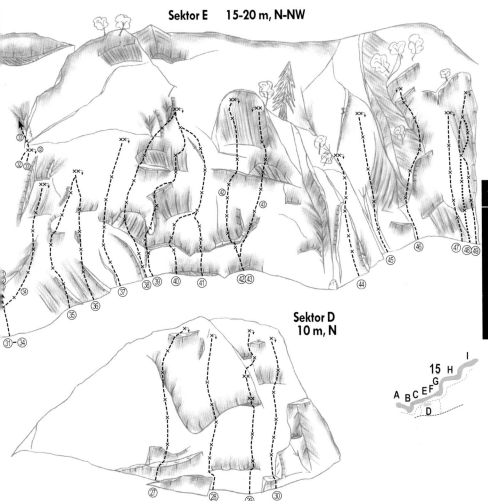

Sektor E   15-20 m, N-NW

Sektor D   10 m, N

38	Kinderüberraschung	8	J. Brejcha	Kniffige Einzelstellen
39	Casanovas Bekehrung	7+/8-	J. Brejcha	Weite Züge, super Route, etwas längenabhängig
40	Stau im Rücken	9-/9	J. Brejcha	Klasse Route, unten schwer, oben dranbleiben
41	Schreibtischlocal	9/9+	F. Frieder	Kleingriffiger Direktzustieg
42	Nichts für alte Herren	9-	D.Elsner,M.Metschel	Mit Rechtsschleife 8+, original direkt 9+/10-
43	Carpe diem	8-/8	J. Brejcha	Tolle Route, bis oben dranbleiben
44	Playboy bunny	7	C. Gotschke	Schöne steile Seitgriffklettetei, harte Einzelstelle
45	Belay bunny	7-	F. Frieder,T. Kaiser	Letzter Haken ist schwer einzuhängen
46	Familienweg	6	T. Osterried	Letzter Zug ist schwer wenn man rechts bleibt
47	Des Pudels Kern	7	F. Frieder,T. Kaiser	Erst technisch, dann weiter Blockierer, weit zur Kette
48	Dr. Faustus	8+/9-	C. Gotschke	Original direkt an Aufliegerkante ~9
49	Mephisto	8+	J. Brejcha	Heikel zum 1. BH, anhaltend

2.15 Kraftwerk-Wand ****

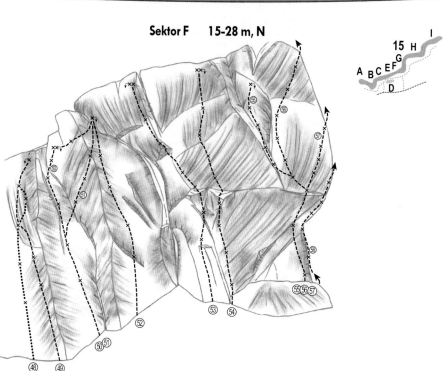

Sektor F   15-28 m, N

#	Name	Grad	Erstbegeher	Beschreibung
48	Dr. Faustus	8+/9-	C. Gotschke	Original direkt an Aufliegerkante ~9
49	Mephisto	8+	J. Brejcha	Heikel zum 1. BH, anhaltend
50	Kloas Aasle	7-/7	C. Dürrhammer	Klasse Route, Langes Aasle ist 7+
51	Gretchenfrage	9+	C. Gotschke	Ziemlich kratziger Boulder
52	Liebelei	8+	J. Brejcha	Erster Haken sehr hoch, staubig!
53	2003	9-	S. Rohrmoser	Pumpige Kante, unten Blockierer, oben Ausdauer
54				Projekt
55	Tafeldienst	7+/8-	F. Frieder	Athletischer Einstieg, schwerer Zug in Verschneidung
56	Left wall	9+	S. Rohrmoser	Zuerst gut griffig, längere Boulderpassage am Ende
57	Right wall	9	S. Rohrmoser	Technisch, schwer aus überhängender Rampe, ausdauernd
58	Zappelphilipp	9+/10-	Frieder, Rohrmoser	Tolle Kletterei bis Ruhepunkt, oben etwas gesucht nach rechts, 1. Begehung P. Hartmann
59	Tarzan ohne Wirkungsgrad	9+	M. Lutz	Harter Blockierer, Fizzel-Ausstieg, Tendenz zur 9+/10-
60	Mücke	9/9+	S. Rohrmoser	2. Haken extrem hoch gesetzt! Tendenz zur 9+
61	Kangtega	8+/9-	D. Elsner, W. Hofer	Harte Passage ganz oben, tricky
62	Stonehopper	9	K. Hofherr	Oben etwas hoch gesetzter Haken, RP eher 9/9+
63	Grenzgänger	9+..10-	Gamperl/Rohrm.	Extrem größenabhängige Stellen, 1. Route der Wand
64	Bonsai	9-/9	K. Hofherr	Schwerer Einhänger vom 2. BH, oben Runout
65	Better stay in Munich	8+	M. Neumeier	Tricky Einstieg, zwingend über Dach, oben einfacher

**** Kraftwerk-Wand 2.15

Sektor G   20-28 m, W-NW

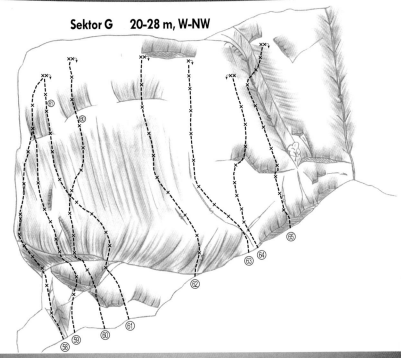

Region Füssen 2

Markus Nöß
Gesunde Schuhe   Bergsport

87459 Pfronten, Tirolerstr. 62
Tel 08363/1634

Besohlung von Schuhen aller Art auch auf Postweg möglich

Wir fertigen:
- *Maßschuhe*
- *Einlagen aller Art*
- *Schuhreparaturen*
- *Skischuhanpassung*
- *Orthopädische Zurichtungen für Konfektionsschuhe*

- *Bewegungsanalyse*
- *Kinderkletterschuhbörse*

Wir führen:
- *Bequemschuhe*
- *Bergsportausrüstung*
- *Sport-, Berg- und Kletterschuhe*
- *Kompressions-Strümpfe, Bandagen und Orthesen*

**** Kraftwerk-Wand 2.15

Sektor H   25 m, N-NW

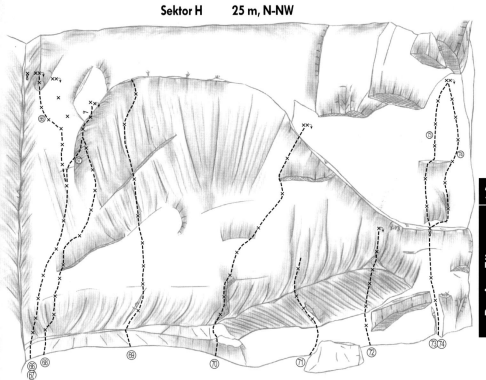

66	Played and lost again		P. Hartmann	Projekt, oben linkshaltend ~10-
67	Played and lost	9+	P. Hartmann	Man klettert teilweise wohl bereits in Human Touch
68	Human Touch	10-	Schwiersch/Schedel	Einstiegsboulder mit Untergriffen, dann anhaltend zu Nohandrest, oben technisch aber einfacher, tolle Route
69				Projekt
70			Rohrmoser, Frieder	Projekt
71				Projekt
72	Das Opfer	8+	F. Frieder	Überhangsboulder
73	Flora	6+/7-	F. Frieder	Eigenartig aufs Band, Plattenstelle zur Umlenkung
74	Fauna	7	F. Frieder	Schwer+größenabhängig von Band, dann an Kante

Portrait

Silvio Rohrmoser ist mit seinen mittlerweile 39 Lebensjahren auch schon im etwas gesetzteren Kletteralter angekommen, in dem es viele seiner Alterskollegen etwas ruhiger angehen lassen. Das hindert den dreifachen Familienvater, der seine Felsheimat in den Sportklettergebieten zwischen Reutte und Oberammergau gefunden hat, allerdings nicht daran, auch heute noch kräftig anzupacken. Begonnen hat das Spiel mit der Schwerkraft bei Silvio mit 15 und in jungen Jahren war der Sport rasch Lebensinhalt, Mittel sich auszutoben, sich und durchaus auch anderen zu beweisen, was man alles kann. Und was Silvio am Fels alles zuwege brachte, das ist beachtlich. Wer an der Füssener Kraftwerk-Wand vorbeikommt, kann sich an seinen Kreationen, die nahezu ausschließlich in den oberen Graden angesiedelt sind, auch heute noch die Zähne ausbeißen. Mit etwas Glück trifft man dort auch den Altmeister persönlich und kann sich von ihm zeigen lassen, wie die verflixte Schlüsselstelle einer seiner Wege am besten zu knacken ist. Darunter befindet sich auch *Indian Summer*, erstbegangen im Jahr '91 oder '92, die damals vermutlich zum Schwersten gehörte, was das Allgäu zu bieten hatte.

Auch bei Silvio haben sich mittlerweile die Prioritäten verschoben und Familie sowie der eigene Betrieb stehen an erster Stelle. Zeit fürs Klettern bleibt nicht mehr so viel, aber nach wie vor ist der vertikale Sport für ihn ein wichtiger Bestandteil seiner aktiven Freizeitgestaltung. Obwohl Silvio das Klettern heutzutage wesentlich gelassener sieht, weder sich noch Anderen etwas beweisen muss, die Herausforderung, einer selbst eingebohrten Linie auch die Erstbegehung abzuringen, ist und bleibt immer noch ein mächtiger Antriebsfaktor für den starken Mann des Ostallgäus. Dass am Fels mittlerweile nahezu 3 Generationen von Kletterern aktiv sind, empfindet er als anregend und motivierend zugleich. Zeigt es ihm doch, dass der Sport lebt und immer noch voller Dynamik steckt. Silvio ist jedenfalls gespannt, was am Fels bei ihm und anderen in Zukunft noch alles gehen wird. Seinen Beitrag dazu wird er ganz sicher auch weiterhin leisten.

Andi Bair, ein weiterer Hauptserschließer der Kraftwerk-Wand lässt es sich nicht nehmen, auch heute noch das eine oder andere Projekt in Angriff zu nehmen, soweit es die eingeschränkte Zeit als Kirchenrestaurator zulässt. Zusammen mit Silvio Rohrmoser, Felix Frieder und Florian Feiler hat er jede Menge tolle Routen an der Kraftwerk-Wand und anderen Felsen der Region hinterlassen. Gerne denkt er an die Anfangszeit am Kraftwerk zurück: „*Die ersten Routen waren am Vorbau, unterhalb vom Casanova-Sektor, wo dann Jörg Brejcha viele Routen hinzugebohrt hat. Die erste der neueren Routen war jedoch Grenzgänger, die Silvio und Ernst Gamperl gemeinsam begehen konnten*".

Andi Bair in Zwischenhoch 9+/10-

**** Kraftwerk-Wand 2.15

Sektor I   30 m, N-NW

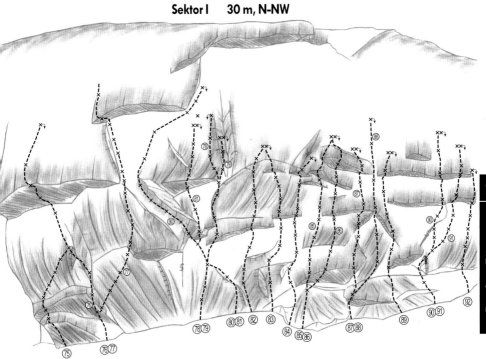

#	Name	Grad	Erstbegeher	Beschreibung
75			F. Frieder	Projekt
76	Siberian Winter	10/10+	S. Rohrmoser	1. Beg. C. Bindhammer, Dach-/Verschneidungsklettterei
77			C. Winklmair	Projekt
78	Corvus Corax Variante	9+	S. Rohrmoser	Oben anstrengend und kompliziert nach links
79	Corvus Corax	9-/9	A. Bair	Schwieriger Boulder an Dach, dann ausdauernd
80	Panama	9+/10-	F. Frieder *	Lange Felsfahrt mit Cruxpassage nach der Querung
81	Indian Summer	10	S. Rohrmoser	Harter Boulder übers Dach, oben dranbleiben
82	Kraftakt	10+	S. Rohrmoser	1. Beg. C. Bindhammer, harte Passage ganz oben
83	Monsun des Grauens	9	Feiler/Rohrmoser	Harter Start, oben Crux mit offenem Untergriff
84	Zwischenhoch	9+/10-	S. Rohrmoser	Kraftausdauer pur, Stelle am Überhang ist morpho
85	Extrem Schiffing	9/9+	S. Rohrmoser	Schwer in seichte Verschneidung, ausdauernd
86	Extremst Schiffing	9+	S. Rohrmoser	Komplizierte Hookerei, ausdauernd
87	Desirée Daxelhuber	9+/10-	S. Rohrmoser	Harte Passage am ersten Wulst, dann Sloperausdauer
88	Euphorie	9/9+	A. Bair	Gute Griffe zu etwas unangenehmer Hookpassage
89			S. Rohrmoser	Projekt
90	Silver Future	9/9+	F. Frieder *	Überhängende Rampe zu Schlitzen, pumpig
91	Paradoxe Intervention	9-	F. Frieder *	Rampe weiter nach rechts, weit über Wulst zu Rastpunkt, oben rechtshaltend und kleingriffig
92	Trümmerbruch	8+/9-	F. Frieder *	Harter Blockierzug und schwerer Clip am Start, dann anhaltend zu Schüttler, oben nochmals tricky

* Erstbegangen solo technisch im Vorstieg

2.16 Vilser Platte **

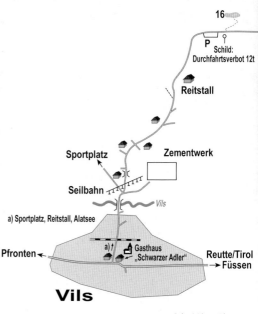

16 - Vilser Platte

Steile Platte mit Klettergartencharakter, die auf den ersten Blick wie betoniert aussieht. Die Routen wurden hauptsächlich von Bernt Prause sowie der damaligen Pfrontner Jungmannschaft eingerichtet. Zum Teil stecken noch alte Bohrhaken, die meisten Routen sind jedoch mittlerweile von Jörg Brejcha saniert worden. Durch den kurzen Zustieg auch gut geeignet für Familien.

Anfahrt
Auf der A 7 Kempten Richtung Füssen (durchgehende Autobahn kurz vor Fertigstellung) und weiter durch den Grenztunnel Richtung Reutte/Tirol. Nach dem Tunnel an der Ausfahrt „Vils" rechts ab und sofort wieder rechts nach Vils. In der Ortsmitte (Zone 40) rechts ab (Schilder „Sportplatz/Reitstall/Alatsee"), über die Bahnlinie und eine Brücke bis zu einer Straßengabelung. Hier rechts über Felder, vorbei an einem Reitstall und wenig später rechts am Straßenrand parken (Kurz vor Schild Durchfahrtsverbot 12t).

Zugang
Der Straße vom Schild aus noch 20 m in den Wald folgen und links auf einem Pfad zum Fels.
Zugangszeit 2 Minuten.

Gestein
Kalkähnlich.

Lage
Ca. 800 m, überwiegend Laubwald.

** Vilser Platte 2.16

Florian Behnke in Schulsport (7), Vilser Platte

Michael Gunsilius in Jugendmarsch (6), Vilser Platte

2.16 Vilser Platte **

15 m, S-SO

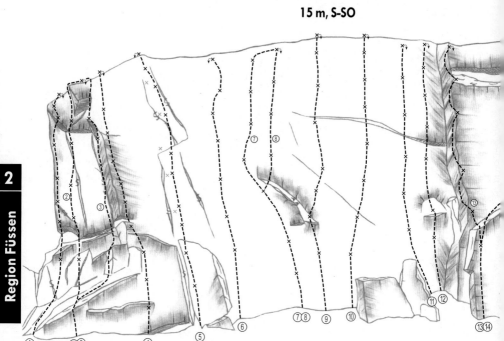

#	Name	Grad	Erstbegeher	Bemerkung
1	Amore mio	6-	J. Brejcha	*Schwerer als es ausschaut, interessante Kantenkletterei*
2	Nasenbär	5-	J. Brejcha	*Oben kräftig*
3		6	J. Brejcha	*Schwer über den Überhang*
4	Jugendmarsch	6	J. Brejcha	*Schöne Linie entlang Kante, kurze schwere Passage*
5	Anfänger-Riss	4+/5-		*(Fingerriss) Kindergerecht sanierter Klassiker*
6		7/7+		*Tolle Steherei, gegen oben immer schwerer*
7	Schulsport	7		*Reiben, bis die Sohle qualmt*
8	Kreuzotter	7		*(Direttissima)*
9	Alleluja	7/7+		*Am Ausstieg wohnt eine Schlange!*
10	Prause Route	7/7+		*Gefährlich vom 1. zum 2. Haken!*
11	Utopia	7+		
12	Gelbfieber	6+		*Schwere Stelle gegen oben*

** Vilser Platte 2.16

15 m, S-SO

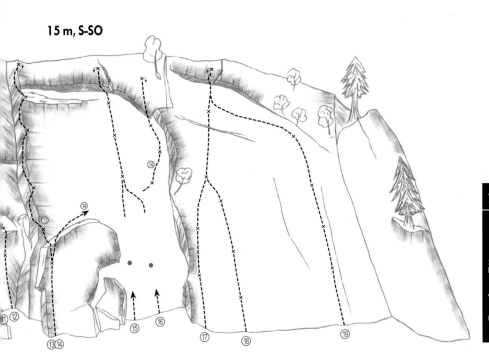

13	Direktortag	5-	Zur Umlenkung am schwersten
14	Slalom		Nach Felsausbruch derzeit nicht kletterbar!
15	Kleines Dachl links		Nach Felsausbruch derzeit nicht kletterbar!
16	Kleines Dachl rechts		Nach Felsausbruch derzeit nicht kletterbar!
17	Easy English	4+	
18	Direkter Griffputzer	7	
19	Griffputzer	6+	

2.17 Ländenplatte **

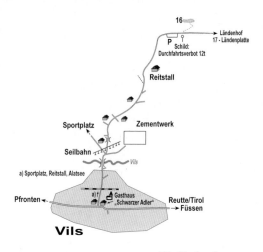

17 - Ländenplatte

Die etwas ursprünglichere Version der Vilser Platte. Die Routen wurden von Michael Trenkle neu eingebohrt, sind jedoch noch nicht oft begangen, so dass das eine oder andere Schüppchen noch lose sein könnte.

Anfahrt
Auf der A 7 Kempten Richtung Füssen (durchgehende Autobahn kurz vor Fertigstellung) und weiter durch den Grenztunnel Richtung Reutte/Tirol. Nach dem Tunnel an der Ausfahrt „Vils" rechts ab und sofort wieder rechts nach Vils. In der Ortsmitte (Zone 40) rechts ab (Schilder „Sportplatz/Reitstall/Alatsee"), über die Bahnlinie und eine Brücke bis zu einer Straßengabelung. Hier rechts über Felder, vorbei an einem Reitstall und wenig später in den Wald (Schild Durchfahrtsverbot 12t). Der Straße weiter folgen und direkt nach einer Unterführung rechts parken.

Zugang
Die Straße weiter, an einem Hof (Ländenhof) vorbei und dem nun geschotterten Waldweg bis zu einer Gabelung folgen (der Hauptweg beginnt hier deutlich anzusteigen). Hier auf den etwas verwachsenen rechten Weg, bis linker Hand die Wand sichtbar wird. Linkshaltend auf einer Pfadspur zum Fels. **Zugangszeit 10 Minuten.**

Gestein
Kalk.

Lage
Ca. 800 m, niedriger Laubwald.

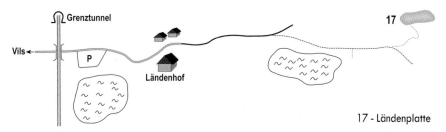

17 - Ländenplatte

** Ländenplatte 2.17

20-25 m, S

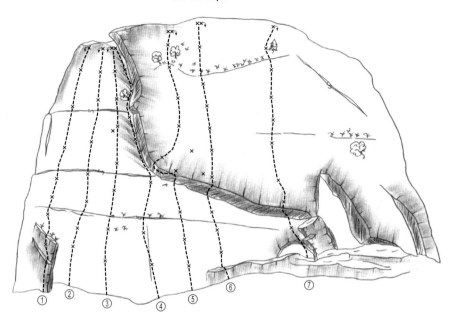

1		5+	M. Trenkle	Leichter als es aussicht
2		6-/6	M. Trenkle	Teils noch etwas brüchig
3	Rund	6+	M. Trenkle	Plattige Angelegenheit, vor allem nach oben hin
4		5-	M. Trenkle	Etwas botanische Verschneidung
5		6+	M. Trenkle	Am Dach direkt ist etwa 7+
6		7-/7	M. Trenkle	Schwere Stelle übers Dach
7		7-	M. Trenkle	Auch hier ist das Dach am schwersten

2.18 Eiserne Wand **

Kleine aber feine Wand mit kurzem Zustieg. Die Routen sind abwechslungsreich und interessant und ein mächtiger Dachbereich bietet Potenzial für einige ganz harte Brocken.

Anfahrt
Auf der A 7 Kempten Richtung Füssen (durchgehende Autobahn kurz vor Fertigstellung) und weiter durch den Grenztunnel Richtung Reutte/Tirol. Nach dem Tunnel an der Ausfahrt „Vils" rechts ab und sofort wieder rechts nach Vils. In der Ortsmitte (Zone 40) links ab (Schild „Skilift Konrads Hüttle"). Dieser Straße mehr oder weniger immer geradeaus folgen. Sie führt tendenziell nach links aus Vils heraus Richtung Skilift Konrads Hüttle. Nach einigen Gebäuden linker Hand (Standschützenverein) befindet sich rechter Hand ein großer Parkplatz, hier parken.

Zugang
Vom Parkplatz der Straße Richtung Skilift Konrads Hüttle vorbei an einem Brunnen durch ein Viehgatter folgen. Gleich danach rechts zur sichtbaren Wand. **Zugangszeit 3 Minuten.**

Gestein
Kalk.

Lage
Ca. 800 m, frei stehend oder Mischwald.

18 - Eiserne Wand

** Eiserne Wand 2.18

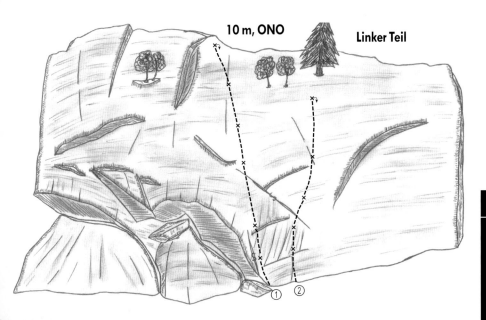

10 m, ONO
Linker Teil

1	J. Brejcha	*Projekt*
2	J. Brejcha	*Projekt*

Ulrich Röker in Flying circus (7), Eiserne Wand

2.18 Eiserne Wand **

Rechter Teil
15 m, ONO

SO
7 m

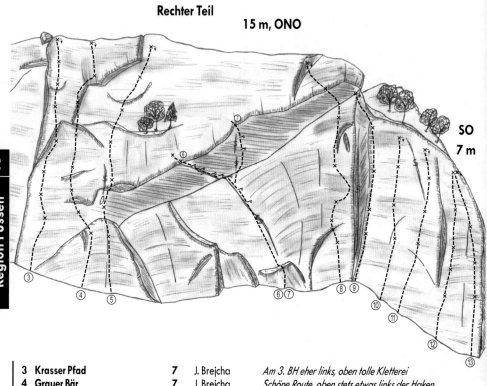

3	Krasser Pfad	7	J. Brejcha	Am 3. BH eher links, oben tolle Kletterei
4	Grauer Bär	7	J. Brejcha	Schöne Route, oben stets etwas links der Haken
5	Schmutzfink	7-	J. Brejcha	Unten schöne athletische Züge in runder Verschneidung, oben lässt sich dann die Namensgebung erahnen
6				Alter Weg, alte Haken
7				Alter Weg, alte Haken
8	Mixed emotions	8-/8	J. Brejcha	Komplizierte Kletterei an runden Seit- und Untergriffen mit athletischem Abschlussdach
9	Bergführer Verschneidung	6	J. Brejcha	Technisch nicht ganz einfache Verschneidung
10	Mad rock	6+	J. Brejcha	Kurze Route mit schwerer Stelle in tollem Fels
11	Schau genau	7	Florian ?	Unten weite Züge an nicht besonders guten Griffen
12	Flying circus	7	J. Brejcha	Etwas gewusst wie, eine schwere Passage
13	Bankert Kante	6	J. Brejcha	Weite Züge an guten Griffen, etwas brüchig

Portrait

Wolfgang Mayr - in Kletterkreisen als „Wolfi" oder der besseren Unterscheidung wegen den „Mayr Wolfi" genannt, ist seinem Geburts- und Heimatort Pfronten bis heute treu geblieben. Klettern und Bergsteigen wurde dem 1955 geborenen quasi in die Wiege gelegt: erste Bergtouren mit den Eltern, dann der Eintritt in den DAV Sektion Pfronten - die Bergkarriere des jungen Wolfi war nicht mehr aufzuhalten. Es dauerte dann allerdings noch bis 1972, bis Wolfgang endgültig im steilen Fels angekommen war. Anlässlich unseres Portrait-Wunsches hat er sich erstmalig die Mühe gemacht, sein jahrelanges Erschließerdasein gründlich aufzuarbeiten. Am Ende kamen zu seiner eigenen Überraschung mehr als 100 Erstbegehungen im Allgäuer und Lechtaler Raum sowie im Wetterstein mit insgesamt 280 Seillängen zusammen. Ein gewaltiges Stück Arbeit und dabei sind Sanierungsmaßnahmen und Canyoningrouten noch nicht einmal mit berücksichtigt. Dass dabei an die 2000 Bohrhaken, bezahlt aus eigener Tasche, im Fels verschwunden sind, bezeichnet er schmunzelnd als „nicht subventionierte Männerspielerei mit bleibendem Erlebniswert". Spaß hat es ihm offensichtlich allemal gemacht. Mit von der Partie waren in seinem mittlerweile mehr als 36 Jahre währenden Kletter- und Erschließerleben häufig sein Namensvetter der Hofer Wolfi – gemeinsam sind die zwei auch als die beiden Freispitz Wolfis bekannt – Hannes Boneberger, Bernt Prause und seine Freundin Antje.

Bei seinen zahllosen Erstbegehungen war es Wolfgang immer wichtig, dass die Linie stimmte und er diese gemeinsam mit seinen Freunden realisieren konnte. Ziel war bei seinen meist im Vorstieg erschlossenen Routen eigentlich nie vorrangig der Gipfel, sondern es sollte immer eine vertretbar gesicherte, schöne Linie in gutem Fels entstehen. Als typisches Beispiel fällt ihm dazu die Route *Sonnenzeit* ein: 15 Seillängen 5. und 6. Grad, fester Fels, perfekt mit Bohrhaken gesichert, eine klasse Linie auf einen formschönen Berg. Mit einem Augenzwinkern räumt er jedoch ein, dass ihm dies sicher nicht in jedem Fall gelungen ist und er sich heute schon mal in einer seiner eigenen Kreationen aus früheren Tagen angesichts der Hakenabstände fürchten muss. In Punkto Absicherung haben sich seine Ansichten im Laufe der Jahre jedenfalls etwas gewandelt. Dazu Wolfi im Originalton: *„Warum sollen denn Kletterer im 4.,5.,6. Grad nicht auch gut gesichertes Klettern im wahrsten Sinne des Wortes ‚erleben' können? Inzwischen bin ich so weit, dass ich sage, es gibt kein vernünftiges Argument für einen Normalhaken, was aber wohlgemerkt nicht heißen soll, neben stabilen Sanduhren oder geeigneten Rissen alles zuzubohren! Wir sollten uns auch mal überlegen, bei welchem anderen Sport denn die Betreiber billigend in Kauf nehmen, sich andauernd schwer zu verletzen oder abzuleben. Klettern soll Spaß machen, man soll an Grenzen stoßen können, Geist und Körper fordern, das Risiko soll dabei aber überschaubar bleiben. Wie gefährlich meine Anfangs-, dann die Sturm und Drangzeit war, ist mir erst später klar geworden."*

Da Wolfgang sich seit 30 Jahren einem ernsthaften Trainingsprogramm zur Steigerung seiner persönlichen Leistungsfähigkeit unterzieht, das in etwa so aussieht: Schokolade essen, Espresso trinken, Sonnenschein genießen und nette Menschen treffen, ist er bei seinen Erstbegehungen nie bis in die höchsten Schwierigkeitsgrade vorgedrungen, dafür hat er uns jede Menge tolle Routen hauptsächlich zwischen 6 und 8 hinterlassen. Dass sich der ausgebildete Fotograf, Berg- und Skiführer Wolfgang Mayr über das reine Klettern hinaus schon immer für seinen Sport engagierte, zeigte sich bereits früh: 8 Jahre leitete er mit viel Einsatz die Pfrontener Jungmannschaft und seit 1983 ist er als stellvertretender Leiter in der Jugendbildungsstätte des DAV in Hindelang tätig. Ein Fachbuch in Sachen Kinderbergsteigen, das inzwischen zu den Standardwerken in diesem Bereich zählt, stammt ebenfalls aus seiner Feder.

Zu den Dingen, die ihm in seinem Sport besonders am Herzen liegen, zählt, dass der freie Zugang zur Natur und damit auch zu den Klettermöglichkeiten als Gut erhalten bleibt. Nur wer die Natur kennt, kann sie auch schützen, davon ist er zutiefst überzeugt. Quasi Vollzeitsperrungen aus Privatinteressen von Wenigen, wie in der Vergangenheit zum Beispiel am Ifen geschehen – aus seiner Sicht das traurigste Kapitel in seinen Klettererinnerungen – dafür hat Wolfgang keinerlei Verständnis. Nur ein aufgeschlossenes Miteinander von Natursport- und Naturschutzverbänden wird sich langfristig als zukunftsfähig erweisen. Ein besseres Engagement aller Betroffenen würde er sich jedenfalls wünschen. Das Projekt „Climbers Paradise" das derzeit in unserem Nachbarland Tirol Furore macht, zeigt ihm, dass es auch anders gehen kann. Dort muss sich der kletternde Bürger mittlerweile nicht mehr „verstecken", sondern der Klettersport wird mit hohen Geldmitteln staatlich gefördert.

Dass im Hause Mayr auch in Zukunft der Klettersport weitergehen wird, dafür sorgen mittlerweile die beiden Töchter. Dass ihnen und uns allen der Stoff, aus dem die Kletterträume sind, nicht ausgeht, dafür hat er sich immer selbstlos eingesetzt - der Mayr Wolfi.

3 - Region Reutte/Tirol

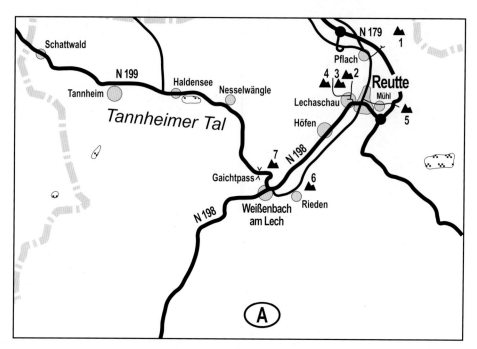

3.1 Brunstgratwand *** 247
3.2 Weißwand *** 252
3.3 Pensionistenblock * 262
3.4 Frauenseepfeiler 264
3.5 Gsperr *** 266
3.6 Rieden * 270
3.7 Gaichtpass ** 272

© www.cpfanzelt.de

Christian Bindhammer in Planet Hollywood (11-), Weißwand

*** Brunstgratwand 3.1

Großzügige, lange Klettereien, die eine gehörige Portion Ausdauer abverlangen. Die meisten Routen sind kaum geputzt, doch werden sie in sauberem Zustand sicher zum Besten zählen, was die Kletterregion zu bieten hat.
Nach dem „Entdecker" Jörg Brejcha folgten Erschließer wie Wolfgang Mayr, Wolfgang Hofer, Dieter Elsner sowie Martin Schwiersch (Erstbegeher-Kürzel WM,WH,DE,MS).

Anfahrt
Auf der A 7 Kempten Richtung Füssen (durchgehende Autobahn kurz vor Fertigstellung) und weiter durch den Grenztunnel. Weiter der Ausschilderung Reutte/Tirol Richtung Fernpass folgen (N 179). Die N 179 an der Ausfahrt Reutte Nord verlassen und über Unterletzen nach Pflach. Noch im Ort verläuft die Straße ein Stück abseits der Häuser. Hier zweigt links eine schmale Straße Richtung „Parkplatz Säulinghaus" ab, der man über die Bahngleise bis zu einer T-Kreuzung nach einer Brücke folgt. Hier nach rechts zum Parkplatz.

Zugang
Zunächst der Straße, später dem Wanderweg Richtung Säulinghaus ca. 1 Stunde folgen. Wenn man auf einen Forstweg trifft, der hier eine Linkskehre beschreibt, sieht man rechts oberhalb eine mächtige Wand, an der sich die Klettereien befinden. **Zugangszeit 50–70 Minuten.**

Gestein
Kalk.

Lage
Ca. 1450 m, Nadelwald oder frei stehend.

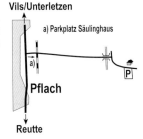

Portrait

Martin Schwiersch, der Name hatte und hat bis heute Klang in der Allgäuer Sportkletterszene. Mit seinen mittlerweile 48 Jahren steht der Pfrontener zwar nicht mehr an vorderster Front, doch seit er mit 13 Jahren dem vertikalen Sport verfallen ist, hat er ein dickes Routenbüchlein angesammelt. Um die 50 Erstbegehungen im Allgäu und im Elbsandsteingebirge hat er dabei für motivierte Nachfolger hinterlassen, Motivation alleine wird bei seinen Routen jedoch sicher nicht immer genügen. Der starke Allgäuer hat nämlich nicht nur für damalige Zeiten einige richtige Hämmer hinterlassen. Sein Meisterstück in Pinswang heißt Execute und wird heute mit 8a+...8b eingestuft. Zusammen mit Christoph Finkel haben die beiden dem Projekt von Christian Günther damals vermutlich die erste Rotpunktbegehung abgerungen. Dass der Altmeister schon immer ein Auge für klasse Linien hatte und visionär in die Zukunft blickte, zeigt auch sein schwerstes Projekt, das er zwar nie selbst vollenden konnte, das aber auch lange Zeit jeglichem Ansturm von anderer Seite widerstand. Erst Christian Bindhammer sollte der große Hammer gelingen und mit *Big Hammer* (9a) hat die Kletterwelt 2005 endgültig ein neues Highlight erhalten. Zu der damaligen Erschließung hier der O-Ton von Martin:

„Das war ein Riesenakt, von oben hinzukommen und das Einbohren ziemlich spannend: Da das Ding ziemlich überhängend ist, habe ich Cliffs gesetzt (von oben kommend), um in den Überhang hineingezogen zu werden. Ich hatte dann Mordsbammel, dass ich einen solchen Wackelcliff ziehe und der mir ins Gesicht springt, wenn ich beim Bohren nach oben schaue".

Gefragt nach seinen Erstbegehungen, die bei ihm die bleibendsten Eindrücke hinterlassen haben, fällt ihm *Treierlei* an der Fleischbank ein, der er zusammen mit Michael Hoffmann eine Rotpunktbegehung abgerungen hat. Auch der *Erzengel* am Wampetern Schrofen mit einem 40 m Riss, oder die *Zauberflöte* am Hinterreintalschrofen, ein Pfeiler, der zum damaligen Zeitpunkt von Sportkletterrouten noch komplett verschont war, zählen mit zu seinen persönlichen Leckerbissen. Zwei große Langzeitprojekte, die er unbedingt noch packen möchte, hat er auch heute noch auf seiner Liste, eines an der Zugspitze, das andere am Wampeter Schrofen.

Doch was dem ausgebildeten Psychologen und Psychotherapeuten an seinem Sport wirklich wichtig ist, ist so einfach wie eigentlich unfassbar und lässt sich am besten mit seinen eigenen Worten beschreiben: „Es ist das Geschenk der Natur an den Menschen, dass sie Felsen mit Griffen und Tritten versieht, so dass man da gerade noch klettern kann. Da habe ich eigentlich immer darüber gestaunt, am meisten an der Verdonschlucht. Und diese Freude, dass es diese Felsen schlicht gibt."

Dem Berg- und Skiführer war die spätere Kletterkarriere dabei sicher zum Teil bereits in die Wiege gelegt. Die kletternden Eltern haben den Jungen zwar nicht an den Fels mitgenommen, aber mit dem alten Hanfseil des Vaters hat sich Martin frühzeitig auf ihre Spuren gesetzt und dabei den Virus Fels fleißig inhaliert. Mittlerweile klettern bereits die eigenen Kinder und werden sicher dem Vater demnächst die Umlenkhaken einhängen.

Etwas mit Sorge sieht er die Tendenzen im aktuellen Klettergeschehen, möglichst einfach strukturierte Routen à la Kletterhalle abzuhaken und nicht mehr die komplexen Anforderungen vieler großartiger Wege zu suchen. Auch der Nachwuchs an guten Kletterern bereitet dem Leiter der Jugendbildungsstätte des DAV in Bad Hindelang Kopfzerbrechen. Denn trotz enormer Verbesserungen bei Trainingsmöglichkeiten fehlt ihm vor allem die Leistungsentwicklung in die Breite. Aber keine Sorge Martin, der Ruf der Felsen ist mächtig und er wird immer wieder neue Talente in seinen Bann ziehen, die auch in deinen Fußstapfen ihren Weg machen werden.

Roter Riss (9+), Pinswang

*** Brunstgrat-Wand 3.1

Links oben   **30–40 m, W-NW**

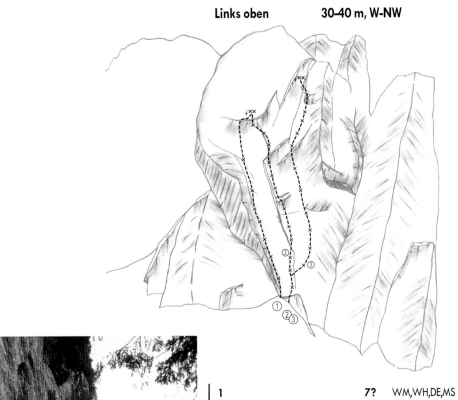

1	7?	WM,WH,DE,MS
2	~7-	WM,WH,DE,MS
3	~7+	WM,WH,DE,MS

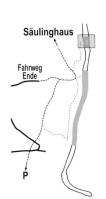

3.1 Brunstgrat-Wand ***

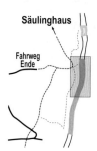

Hauptwand links   30-40 m, W-NW

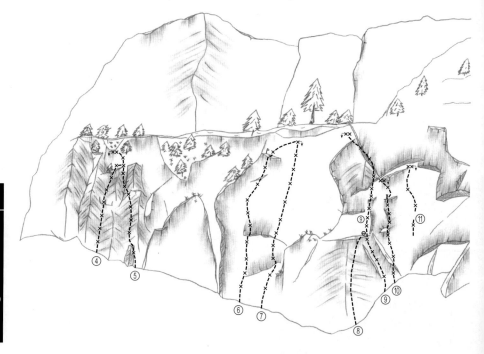

4		8+	WM,WH,DE,MS	Knirpelig und unübersichtlich
5		7+	WM,WH,DE,MS	Oben heißts lang machen
6	Geburtstagsgeschenk	8-/8	WM,WH,DE,MS	Plattentanz
7		7-/7	WM,WH,DE,MS	Deutlich besser, als der Start vermuten lässt
8	Dirty Dancing	5+	Sebastian Jordan	
9		7+/8-	WM,WH,DE,MS	40 m lange Felsfahrt
10		8/8+	WM,WH,DE,MS	Oben interessante Passage
11				Projekt

*** Brunstgrat-Wand 3.1

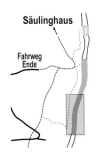

Hauptwand rechts   30 m, W-NW

12	Mein Lehrer war ein Vogel	8/8+	Jörg Brejcha	Unten mäßig, oben superklasse
13	Stein der Reisen	9+/10-	M. Schwiersch	Geniale Ausdauerroute
14	Schattenreich	7+/8-	WM,WH,DE,MS	Schlinge in 1. Haken
15	Baum im Rücken	8	WM,WH,DE,MS	Seil hängt noch
16	Ohne Moos nix los	8	WM,WH,DE,MS	Klasse Linie, lange feucht
17	Pace e bene	6+	Stefan Zangerl	Ganz rechts am Beginn des Massivs
18	Gabriel	6+	Stefan Zangerl	Ganz rechts am Beginn des Massivs

3.2 Weißwand ***

Mächtige Wand mit zum Teil sehr interessanten Linien. Hier können auch tolle Mehrseillängenrouten geklettert werden. Die Routen am Sektor „African Wall" sind sehr spärlich abgesichert und benötigen nervenstarke Vorstiegsaspiranten, dementsprechend sauber sind dort auch die Touren. Die übrigen Sektoren sind meist gut gesichert.

Anfahrt
Auf der A 7 Kempten Richtung Füssen (durchgehende Autobahn kurz vor Fertigstellung) und weiter durch den Grenztunnel. Weiter der Ausschilderung Reutte/Tirol Richtung Fernpass folgen (N 179). Die N 179 an der Ausfahrt Reutte Nord verlassen und über Unterletzen und Pflach nach Reutte. In Reutte weiter Richtung „Lechtal/Tannheimer Tal" nach Lechaschau. Nach einer Brücke über den Lech am Ortsanfang Lechaschau (links Kirche) rechts ab Richtung Wängle. Immer der Ausschilderung „Tannhof" nach Hinterbichl folgen. In Hinterbichl geradeaus weiter (nicht Richtung Tannenhof) und am Ortsende bei der Firma „Scheidle" parken. Ab hier ist neuerdings die Durchfahrt gesperrt (der seitherige Parkplatz befindet sich einige hundert Meter weiter auf der linken Straßenseite).

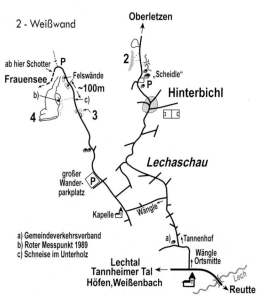

Zugang
Vom Parkplatz der Straße in den Wald folgen, bis links ein ausgeprägter Pfad zur Wand hinaufführt. Kurz zuvor führt auch ein neuer Pfad direkt zum Hauptsektor.
Zugangszeit 5 Minuten.

Gestein
Kalk.

Lage
Ca. 850 m, vorwiegend niederer Laubwald.

*** Weißwand 3.2

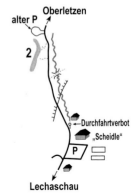

2 - Weißwand

"African Wall"   40 m, O

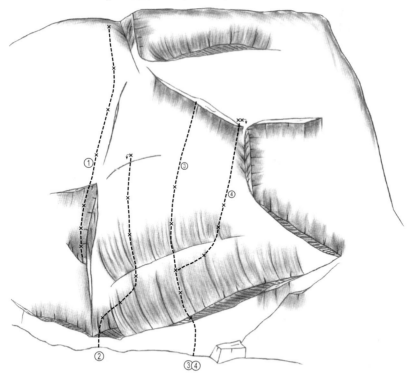

1				Projekt?
2	Electric Dance	9+	C. Günther	Staubig, nie besucht wie der ganze Fels
3	Ghostbusters	10	C. Günther	Sieht nach unglaublichen Runouts aus!
4	To Hell and back again	10	C. Günther	Mindestens genauso weite Abstände!

Es ist etwas unklar, ob die Routen hier bereits geklettert wurden.

3.2 Weißwand ***

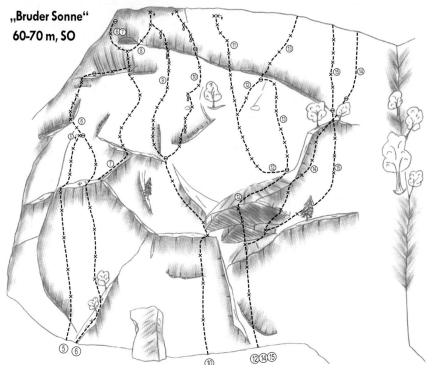

„Bruder Sonne"
60-70 m, SO

#	Name	Grade	Erstbegeher	Notes
5	Mutter Erde	8-		
6	Bruder Sonne	7+ | 7+ | 8	J. Brejcha	
7	Shadows on the wall	9-	C. Günther	
8				Ausstiegsvariante?
9	Anarchie	10-	C. Günther	
10	Reisgang	7- | 8 | | 9+	K. Hofherr	2+3. SL = Superreisgang 9+
11	Exodus (Azubi direkt)		C. Winklmair	Projekt, liegt irgendwo im 10. Grad
12	Azubi	7 | 9-	K. Hofherr	
13	Ralphis Erbe	9- | 9+?	T. Licklederer	2. SL ist vermutlich noch Projekt
14	Hotline	6+ | 7+	J. Brejcha	
15	Graue Wand	7+ | 10-?	C. Günther	Die 2. Länge ist vermutlich noch Projekt
16	Das kleine Lächeln	8-	J. Brejcha	
17	Better not look down	8- | 8+ | 8 | 8+	Gamperl, Lutz	Exzellente Linie und klasse Kletterei
18	Dance in your mind	8	Gamperl, Lutz	
19	Mission possible	9+/10-	C. Winklmair	
20			K. Hofherr	Projekt
21	Hard rock café	10-	K. Hofherr	Nicht gerade einfallsreich gebohrte Züge
22	Excalibur	10/10+	Winklm.,Rupprich	1. Begehung S. Brunner
23	Planet Hollywood	11-	Winklm.,Rupprich	1. Begehung C. Bindhammer
24	Missing Link	10+	C. Winklmair?	Kurze Dach-Powerroute, 1. Beg. C. Bindhammer
25			C. Winklmair	Projekt
26	Never make a move too soon	8	E. Gamperl	

*** Weißwand 3.2

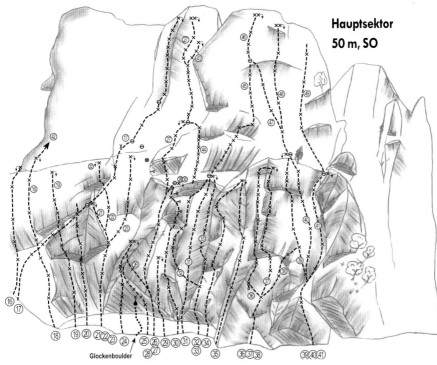

Hauptsektor
50 m, SO

#	Name	Grad	Erstbegeher	Bemerkung
27	Sun Project	9+ | 8+/9-	C. Winklmair	
28	Sunny-D	8	C. Winklmair	
29	Super Freak	9+	C. Winklmair	
30	Via Nova	8	C. Winklmair	
31	Entweder oder	8	J. Brejcha	Direkt 8+
32	Via Bianco	6+	M. Lutz '81	Alter Klassiker, 1. RP erfolgte mit alten Haken!
33	Hippi Lilli	8+/9-	J. Brejcha	Klasse Kantenkletterei
34	Toxic Fun	9-	C. Winklmair	
35	Oh Na Nie	8-	J. Brejcha	
36	Perpetuum Mobile	9+/10-	C. Günther	
37	Gustl Killer	9-	Rohrmoser, Feiler	
38	Popolina	8/8+	J. Brejcha	Kurz und knackig
39	Edelweißrambo	6+	H. Willmann	Tolle leichtere Route
40	Staudenplatte	7-/7	C. Winklmair	
41	Staudenriss	6	J. Brejcha	
42	Breakdance	8 | 8+/9-	C. Winklmair	
43	White Zombie	10/10+	C. Winklmair	40 m lange Felsfahrt
44	Rotura terrible	9/9+	C. Winklmair	
45	Supernova	10-	C. Winklmair	40 m in einer Länge geklettert
46	Top Gun	9/9+	C. Winklmair	Projekt
47	Easy Access	7+/8-	C. Winklmair	
48	Gambit	9-	R. Tenbrink	
49	Staudenriss (2. Länge)	?	J. Brejcha	Abenteuertrip, Ende unklar

Region Reutte

3.2 Weißwand ***

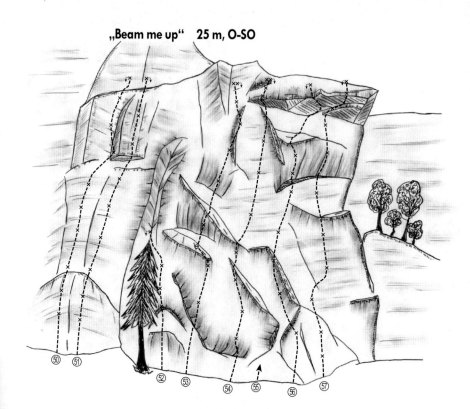

"Beam me up" 25 m, O-SO

50	Damokles	8	B. Karg	*Einzelstelle, der Rest ist 7*
51	Sisyphos	6+	B. Karg	
52	Tanz der Forelle	9+	J. Brejcha/?	
53	Beam me up Schnuffi	8-	E. Gamperl	
54	Nur für eine Ananas	7+/8-	C. Dürrhammer	
55			B. Karg	*Toprope geklettert, wird demnächst eingebohrt*
56	Sternenpaul	7+/8-	J. Brejcha	
57			B. Karg	*Projekt*

*** Weißwand 3.2

Andreas Bindhammer in Gustl Killer (9-), Weißwand

3.2 Weißwand ***

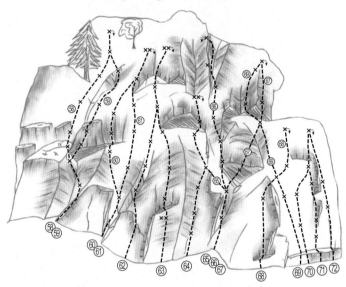

"Strong Strong"   20 m, O

58	Gretl im Busch	5-	J. Brejcha
59	Ursl Variante	6	J. Brejcha
60	Beinarbeit	8-	J. Brejcha
61	Nasenbohrer	7+	H. Willmann
62	Strong Strong	7+	J. Brejcha
63	Seitensprung	8-	J. Brejcha
64	Karos As	7-	H. Willmann
65	Pauli Boulder	6-	J. Brejcha
66	Super Schlumpfi	6+/7-	C. Winklmair
67	Supernase	7+	M. Lutz
68	Hold the line	7-/7	C. Winklmair
69	Protein sei Dank	6+	J. Brejcha
70	Füchsle Route	8-	Füchsle
71	Miss Undercover	9-	C. Winklmair
72	Mundas schönster Traum	7/7+	W. Ratkowitsch

Portrait

Jörg Brejcha - Mit seinen mittlerweile 44 Jahren zählt Jörg auch nicht mehr zu den ganz Jungen, was aber seiner Motivation beim Klettern und Erschließen von Neutouren absolut keinen Abbruch tut. Im Gegenteil, man könnte beinahe glauben, seit der Lechtaler, der heute bei Reutte wohnt, Vater zweier Töchter wurde, hätte seine Motivation Routen zu bohren neue Nahrung erhalten. Sein Herz schlägt hier vorwiegend für die kleineren Kletterer oder Kletteranfänger und so stammen viele bestens gesicherte, einfachere Routen von seiner Hand. Dabei macht der ruhige und zurückhaltende Bergführer kein großes Aufheben von seinen Taten. Doch seit er im Alter von 16 Jahren mit der Gimpel Nordwand seine erste Kletterroute absolvierte, hat er so heimlich still und leise bereits über 100 Erstbegehungen auf seinem Routenkonto angesammelt. Klaus Hofherr, Bernhard Krenslehner und Florian Kerber waren dabei häufig mit von der Partie.

Als Lehrer hat Jörg nicht immer so viel Zeit für seine Berge, wie er gerne hätte, doch möchte er sich in Zukunft stärker seiner Bergführerprofession widmen. Vom Sportklettern über alpines Klettern bis hin zu hochalpinen Sachen, dafür ist Jörg zu haben, aber, so fügt er mit einem Augenzwinkern hinzu, „ ...immer lieber in Gebieten, wo ich mich nicht fürchten muss".

Spaß beim Klettern und die Freude an der Bewegung stehen für ihn an erster Stelle, über sinnlose Sperrungen, wie aktuell geschehen am Knittelstein, kann sich auch der sonst ruhige Zeitgenosse mächtig ärgern. Wenn ihn seine beiden Töchter Franziska und Johanna dann in einigen Jahren noch zum Klettern mitnehmen werden, hat er bereits heute angekündigt, die Enkelkinder zu sichern, aber das hat ja noch ein bisschen Zeit....

Michael Gunsilius in Oh Na Nie (8-), Weißwand

3.3 Pensionistenblock *

3 - Pensionistenblock

Kurze kräftig überhängende Routen mit vielen flachen Slopergriffen. Interessante athletische Kletterei. Gepaart mit einem kurzen Zustieg ist der Fels ideal geeignet für einige kräftige Routen am Feierabend.

Anfahrt
Auf der A 7 Kempten Richtung Füssen (durchgehende Autobahn kurz vor Fertigstellung) und weiter durch den Grenztunnel. Weiter der Ausschilderung Reutte/Tirol Richtung Fernpass folgen (N 179). Die N 179 an der Ausfahrt Reutte Nord verlassen und über Unterletzen und Pflach nach Reutte. In Reutte weiter Richtung „Lechtal/Tannheimer Tal" nach Lechaschau. Nach einer Brücke über den Lech am Ortsanfang Lechaschau (links Kirche) rechts ab Richtung Wängle. Zuerst der Ausschilderung „Tannhof" folgen. Bei einer Abzweigung (Wegweiser „Wängle") links ab und den Ort verlassend zu einer quer verlaufenden Straße (Kapelle). Hier nach rechts und der Straße Richtung Frauensee folgen. Diese führt kurvenreich bergauf, nach einiger Zeit unter dem weithin sichtbaren Frauenseepfeiler vorbei zu einer scharfen Linkskehre. An dieser führt ein Feldweg geradeaus weiter, hier geeignet parken. Anmerkung: Kurz nach der Linkskehre endet der Fahrbahnbelag.

Zugang
Entlang der Straße zurück bergab, vorbei an einigen kleineren Felsen bis zu einer Engstelle und einer Bank auf der linken Seite. Gleich danach links ab und auf Trittspuren linkshaltend bergab zum Wandfuß.
Zugangszeit 5 Minuten.

Gestein
Kalk.

Lage
Ca. 900 m, Mischwald, viel niederes Buschwerk.

* Pensionistenblock 3.3

8 m, S

ONO

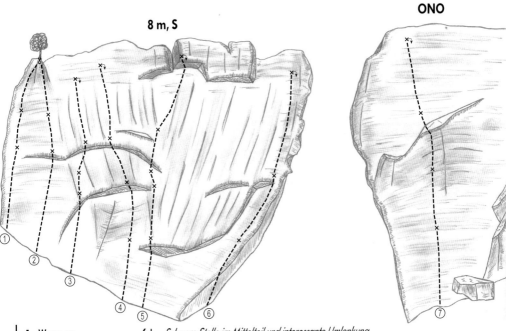

1	Warm up	6+	Schwere Stelle im Mittelteil und interessante Umlenkung
2	Go Flori go	8-	Äußerst flache Aufleger, schwer über den 1. BH
3	Wildes Huhn	8+	2 schwere weite Einzelzüge
4	Power Siggi	8/8+	Viele flache Griffe, oben unübersichtlich zur Umlenkung
5	Schwiegermutter	8!/9-	Schwere Stelle über den ersten BH, danach dranbleiben
6			Projekt Bernhard
7	Frühpension	6+	Weite Züge an eher flachen Griffen

Harald Röker in Schwiegermutter (8+/9-), Pensionistenblock

3.4 Frauenseepfeiler

Mächtige Wand mit überhängender, pfeilerartiger Stirnseite, durch die sich die beiden Routen hindurchziehen, tolle Linien. Sehr selten besucht und somit etwas verwilderter Zustieg. Beim Abseilen unbedingt Haken einhängen!

Anfahrt
Auf der A 7 Kempten Richtung Füssen (durchgehende Autobahn kurz vor Fertigstellung) und weiter durch den Grenztunnel. Weiter der Ausschilderung Reutte/Tirol Richtung Fernpass folgen (N 179). Die N 179 an der Ausfahrt Reutte Nord verlassen und über Unterletzen und Pflach nach Reutte. In Reutte weiter Richtung „Lechtal/ Tannheimer Tal" nach Lechaschau. Nach einer Brücke über den Lech am Ortsanfang Lechaschau (links Kirche) rechts ab Richtung Wängle. Zuerst der Ausschilderung „Tannenhof" folgen. Bei einer Abzweigung (Wegweiser „Wängle") links ab und den Ort verlassend zu einer quer verlaufenden Straße (Kapelle). Hier nach rechts und der Straße Richtung Frauensee folgen. Diese führt kurvenreich bergauf nach einiger Zeit unter dem bereits sichtbaren Frauenseepfeiler vorbei zu einer scharfen Linkskehre. An dieser führt ein Feldweg geradeaus weiter, hier geeignet parken. Anmerkung: Kurz nach der Linkskehre endet der Fahrbahnbelag.

Zugang
Entlang der Straße zurück bergab, vorbei an einigen kleineren Felsen. Etwa 100 m danach führt derzeit eine schmale Schneise im Unterholz sehr steil bergauf zu ersten Felsbrocken (rote Kreuzmarkierung 1989). Hier nach links, steil grasdurchsetzt hinauf und kurz vor der Wand links durch Busch-/Baumwerk hoch zum Wandfuß. Nach links zum Einstieg.
Zugangszeit 15 Minuten.

Gestein
Kalk.

Lage
Ca. 950 m, frei stehend.

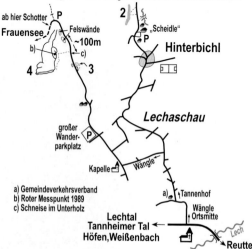

a) Gemeindeverkehrsverband
b) Roter Messpunkt 1989
c) Schneise im Unterholz

4 - Frauenseepfeiler

Frauenseepfeiler 3.4

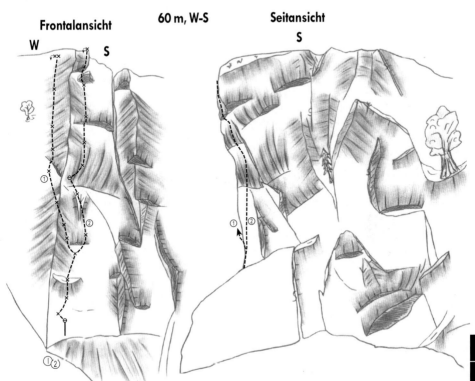

	1 Out of memory	9-/9	E. Gamperl	
	2 Happy birthday swift	9-	E. Gamperl	*Ohne Zwischenstand 9*

3.5 Gsperr ***

Dieses Gebiet mutet beinahe etwas südfranzösisch an. Die wunderschöne Lage in einer felsigen, engen Schlucht, der Fluss, der direkt am unteren Ende des Wandfußes vorbeifließt und eine gute Absicherung machen aus diesem Klettergebiet eine runde Sache. Der Zugang mit einer einfachen Flussüberquerung bietet auch Familien mit Kindern ein interessantes Ziel.
Sollte der Schießplatz in Gebrauch sein, empfiehlt es sich, die rechten Routen an der Hauptwand zu meiden.

Anfahrt
Auf der A 7 Kempten Richtung Füssen (durchgehende Autobahn kurz vor Fertigstellung) und weiter durch den Grenztunnel. Weiter der Ausschilderung Reutte/Tirol Richtung Fernpass folgen (N 179). Die N 179 an der Ausfahrt Reutte Nord verlassen und über Unterletzen und Pflach nach Reutte. In Reutte weiter Richtung Mühl. Am Metallwerk Plansee vorbei Richtung Stuibenfälle zum E-Werk. Entweder hier parken, oder an diesem vorbei und links ab auf einen Weg und am Wegrand geeignet parken.

Zugang
Dem Weg an einer Schranke vorbei Richtung „Melk/Kuhklause/Plansee" bis zu einem Haus (Schild „Schießgelände") folgen. Entlang des Hauptweges rechtshaltend über einen Schotterplatz. Der Weg wird zur Pfadspur und führt entlang des Flusses auf eine Engstelle zu. Links und rechts des Flusses befinden sich die beiden Sektoren (ca. 700 m ab Parkplatz). Zum Hauptsektor muss der Bach durchquert werden.
Zugangszeit 15 Minuten.

Gestein
Kalkähnlich, stellenweise beinahe schwammartig.

Lage
Ca. 850 m, frei stehend.

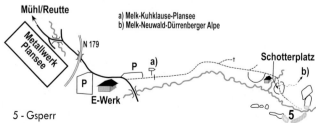

5 - Gsperr

Ulrich Röker in Happy end (7+/8-) in Gsperr

3.5 Gsperr ***

25 m, SW

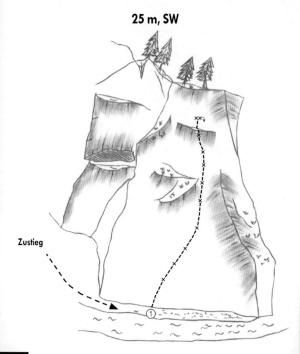

Äußerst rechter Fels, Foto: Archiv Brejcha

#	Name	Grade	FA
1	Hände Hoch	5	J. Brejcha
2	Fitness check	9-	Brejcha/Winklmair
3	Fitnesstreff	8+/9-	J. Brejcha
4	Oben ohne	7+/8-	J. Brejcha
5	Dirty dancing	7	J. Brejcha
6	Jungfrau Marathon	7+	J. Brejcha
7	Missis Think Pink	7-	J. Brejcha
8	Süße Fünf	5	J. Brejcha
9	Baby Troll	6-	J. Brejcha
10	Onkel Edi	5+	J. Brejcha
11	Extra Fett	5	J. Brejcha
12	Honk Ponk	5-	J. Brejcha
13	Bella Vista	7+	J. Brejcha
14			
15	Strichcode	9+	Brejcha/Winklmair
16			
17	Indian Summer	7	J. Brejcha
18	Traumfänger	6+	J. Brejcha
19	Unten am Fluss	7-	J. Brejcha
20	Happy Hippos	6+	J. Brejcha
21	Ich lebe	6+	J. Brejcha

Technotour

Alte Haken

*** Gsperr 3.5

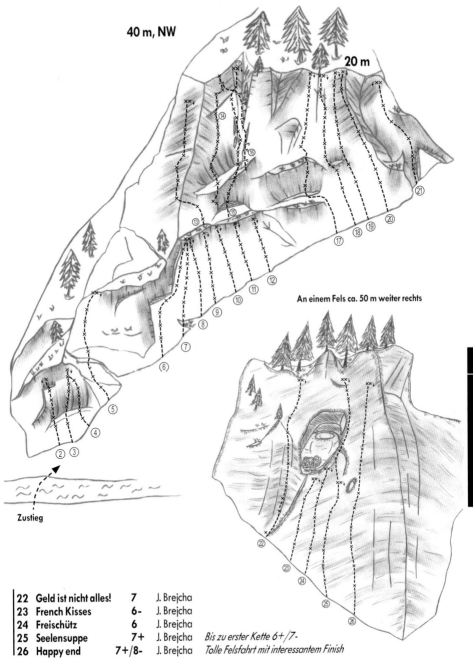

22	Geld ist nicht alles!	7	J. Brejcha	
23	French Kisses	6-	J. Brejcha	
24	Freischütz	6	J. Brejcha	
25	Seelensuppe	7+	J. Brejcha	Bis zu erster Kette 6+/7-
26	Happy end	7+/8-	J. Brejcha	Tolle Felsfahrt mit interessantem Finish

3.6 Rieden *

Gut abgesicherte Reibungsplatten, die vor allem Kletterneulingen eine gute Gelegenheit für erste Vorstiegsversuche bieten.

Anfahrt
Auf der A 7 Kempten Richtung Füssen (durchgehende Autobahn kurz vor Fertigstellung) und weiter durch den Grenztunnel. Weiter der Ausschilderung Reutte/Tirol Richtung Fernpass folgen (N 179). Die N 179 an der Ausfahrt Reutte Nord verlassen und über Unterletzen und Pflach nach Reutte. In Reutte weiter Richtung „Lechtal/Tannheimer Tal" nach Lechaschau. Weiter auf der N 198 Richtung Weißenbach. Kurz vor dem Ortseingang von Weißenbach links ab Richtung Rieden. Der Straße 2,7 km folgen (vorbei an 2 Ortszufahrten Rieden) und 20 m nach einer kleinen Brücke rechts ab auf die alte Straße und am Straßenrand parken.

Zugang
Dieser Straße bis zu den beiden Wänden direkt an der Straße folgen.
Zugangszeit 5 Minuten.

Gestein
Kalk.

Lage
Ca. 900 m, Nadelwald, nahezu frei stehend.

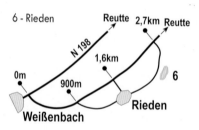
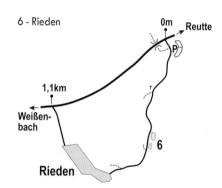

* Rieden 3.6

Linker Teil 15 m, W-NW

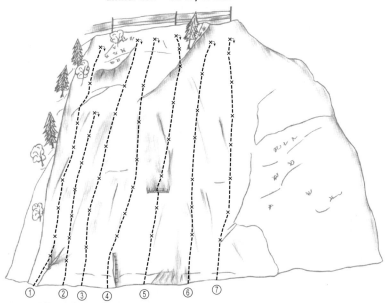

Zwergerlplatte 4-8 m, W-NW

Foto: Archiv Brejcha

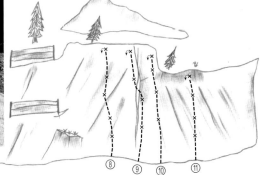

1	Hui Buh	4	Franziska Brejcha
2	Der böse Wolf	5-	Jörg Brejcha
3	Onkel Tobi	4+	Jörg Brejcha
4	Kinderspiel	4	Jörg Brejcha
5	Silvas Weg	4-	Jörg Brejcha
6	Bad Man	3+	Jörg Brejcha
7	Lies'chen	4-	Johanna Brejcha
8	Kleine Hexe	5-	Jörg Brejcha
9	Müsli Mann	3	Jörg Brejcha
10	Kleine Schönheit	3-	Jörg Brejcha
11	Baby Bär	2+	Jörg Brejcha

3.7 Gaichtpass **

Auf den ersten Blick macht die Wand einen eher abschreckenden Eindruck und es muss hier sicher mit dem einen oder anderen lockeren Block gerechnet werden. Die Klettereien hingegen sind nicht uninteressant und nahezu durchweg bestens gesichert. Vor allem an schönen Wochenenden durch die nahegelegene Straße sehr laut. Nicht kindergeeignet, Absturzgefahr!! Unbedingt einen Helm mitnehmen!

Anfahrt
Auf der A 7 Kempten Richtung Füssen (durchgehende Autobahn kurz vor Fertigstellung) und weiter durch den Grenztunnel. Weiter der Ausschilderung Reutte/Tirol Richtung Fernpass folgen (N 179). Die N 179 an der Ausfahrt Reutte Nord verlassen und über Unterletzen und Pflach nach Reutte. In Reutte weiter Richtung „Lechtal/Tannheimer Tal" nach Lechaschau. Weiter auf der N 198 nach Weißenbach. Am Kreisverkehr rechts Richtung „Tannheimer Tal/Nesselwängle". Auf der N 199 den Gaichtpass empor. Nach einem Viadukt führt eine Stichstraße rechts zur Gaichtpass-Stube, links der Hauptstraße befindet sich eine Parkbucht.

Zugang
Von der Parkbucht zurück über den Viadukt und direkt danach links auf die alte Straße, an der sich die Felswand befindet. Unterhalb gibt es zwei Mehrseillängenrouten, die am besten von der Gaichtpass-Stube aus absteigend erreicht werden.
Zugangszeit 3 Minuten.

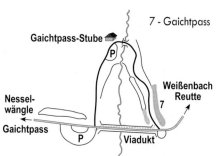

Gestein
Kalk.

Lage
Ca. 1050 m, frei stehend.

** Gaichtpass 3.7

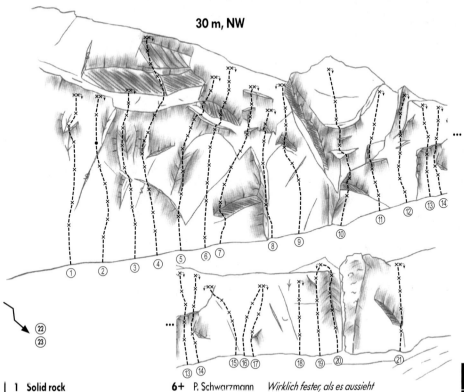

30 m, NW

#	Name	Grade	First Ascent	Comment
1	Solid rock	6+	P. Schwarzmann	Wirklich fester, als es aussieht
2	Quäl dich du Sau	8-/8	P. Schwarzmann	Knallharter Einstieg mit flachen Gritten
3	Anastacia	6+	P. Schwarzmann	
4	Monotonie	7-	P. Schwarzmann	Schöne, lange Felsfahrt
5	Isar Flimmern	6+/7-	P. Schwarzmann	
6	Papa Ratzi	6+	P. Schwarzmann	
7	Tanja ich liebe Dich	5+/6-	P. Schwarzmann	Einzelstelle
8	Kohmeni-Islam	3+/4-	P. Schwarzmann	Das Leichtgewicht am Fels
9	Yoga	4+	P. Schwarzmann	
10	Prinz Eisenherz	5	J. Vogt	
11	Hans im Glück	5	J. Brejcha	
12	Just love it	5+	J. Brejcha	
13	Am Anfang war der Fels	5+/6-	J. Brejcha	Etwas bröselig
14	Vertikalverkehr	6+	J. Brejcha	
15	Eiger Flieger	5-	W. Strube	
16	Tschau Murre	4+	W. Strube	
17	Missa liebt uns	5	W. Strube	
18	Minisex	6+	J. Brejcha	Kurz und kräftig
19	Nimms leicht	6-	J. Brejcha	
20	Mein Krampf	6-	J. Brejcha	
21	Spidergirl	5+	J. Brejcha	
22	Local Hero	7- | 7+ | 6+	P. Schwarzmann	Unterhalb der alten Straße
23	Bitter Sweet	6 | 6+	P. Schwarzmann	Unterhalb der alten Straße

Region Reutte

Portrait

Peter Schwarzmann, alias Pat - Jahrgang 1960 - gehört nach wie vor sicher zu den motiviertesten Erschließern im Allgäu überhaupt. Der Duracher hat seine ersten Schritte im süchtig machenden steilen Fels an der Seite seines Bruders erlebt, mit dem er im Alter von 12 Jahren den Gimpel Westgrat absolvierte. Danach war es um den kleinen Peter geschehen, die Felswände - im Besondere die im Gebirge - ließen ihn nicht mehr los. In der Folgezeit waren hauptsächlich die alpinen Klassiker im gesamten Alpenraum Ziel seiner Kletterleidenschaft. Nach Erscheinen des ersten „Schweiz Plaisir"-Führers zog es Peter häufig nach Helvetien. Die mittlerweile mit Bohrhaken solide abgesicherten alpinen Mehrseillängen-Routen eröffneten ihm ein neues Betätigungsfeld. Seine Wände wurden niedriger, der gekletterte Schwierigkeitsgrad dagegen höher und somit hatte sich sein Hauptinteresse rasch aufs alpine Sportklettern verlagert. Im Frühjahr und Herbst oder bei unsicherem Wetter ist Pat aber auch oft in den Klettergärten seiner Heimat anzutreffen.

Der Erschließer Peter Schwarzmann wurde bei einer Abseilfahrt im Wetterstein geboren. Eine zum damaligen Zeitpunkt noch völlig jungfräuliche Wandpartie mit perfektem Gestein ließ die Augen glänzen und der Startschuss zur Bohrwurmkarriere war gefallen.

1996 richtete Peter die ersten Baseclimbs an den Ausläufern der Zugspitze ein. Im darauf folgenden Jahr war ein neuentdecktes Felsriff in den Allgäuer Alpen Schauplatz seiner ersten Sportkletterrouten. Die Kletterszene reagierte positiv und so kam es, dass Pat bis 2002 über 120 neue Routen fertig stellen konnte. Ein enormes Stück Arbeit und ein nicht ganz unerheblicher Kostenaufwand für den vom Bohrfieber besessenen Allgäuer. In der Folgezeit verschlug es Peter wieder nach Ehrwald und als Ergebnis zierten bald 5 neue Mehrseillängen-Routen die Seebenwände. Ab 2003 machte der damals 43-jährige die Tannheimer Bergwelt zu seinem Betätigungsfeld. Bei der Erschließung von Zwerchwand, Gimpel-Vorbau und Schäfer usw. entstanden innerhalb von 3 Jahren 22 neue Kletterrouten mit Wandhöhen bis zu 200 Metern, was einer deutlichen Verbesserung des Touren-Angebots in den Tannheimern entsprach. So ganz nebenbei kam auch noch die Erschließung eines neuen Klettergartens am Gaichtpass hinzu, den er im Winter einrichtete. Im Jahr 2007 machte sich Pat in einer Co-Produktion mit Markus Noichl mal wieder zu neuen Ufern auf. Eine neue Route an der Zugspitze sollte es sein, Name: Therapie, Wandhöhe: 800 m, Seillängen: 30 Schwierigkeitsgrad: 8. Soweit die nüchternen Tatsachen. Wie viel mehr hinter einer solchen Erstbegehung steht, wissen nur diejenigen, die bei der Erschließung mit dabei waren. Bei Absicherung und Routenwahl hat Peter sehr genaue Vorstellungen, wie er Neutouren hinterlassen möchte. Er richtet seine Routen bewusst als Sportkletterrouten nach dem Prinzip „Click and Climb" ein. Keile können bei einer Begehung getrost zu Hause im Keller verbleiben. Bohrhaken setzt er an den schweren Stellen und achtet besonders darauf, dass diese auch möglichst bequem einzuhängen sind. Ein Grundsatz steht dabei bei Peter an oberster Stelle: Kletterer in den unteren, wie oberen Schwierigkeitsgraden haben das gleiche Recht auf eine angemessene Absicherung. Zwischen den Haken muss allerdings auch bei Pat geklettert werden. „A-Null" Haken gibts bei Schwarzmann Routen nur, wenn sich eine schwere Stelle deutlich von allen übrigen abhebt. Darüber hinaus ist es für ihn äußerst wichtig, dass seine Linien über möglichst kompakte Felszonen verlaufen.

Kritisch sieht er manche Erstbegehung der heutigen Zeit, die zu einem kaum nachvollziehbaren Routen-Wirr-Warr am Fels führt. Bohrhakenkriege, wie sie bei Sanierungsaktionen immer mal wieder vorgekommen sind, mag er genauso wenig, wie die übertriebene Sanierung berühmter Klassiker.

Einen kleinen Einblick in die Arbeits- und Gedankenwelt eines passionierten Bohrwurms mit dem Untertitel „Sklavenarbeit" gibt uns Pat am besten selbst:

„Manchmal frage ich mich ernsthaft, warum ich mir das alles antue: Wenn die Bohrkrone bricht, der 17er Gabelschlüssel in der Tiefe verschwindet oder die Akkus kurz vor Vollendung der Route leergepumpt sind, dann sage ich mir: jetzt ganz ruhig bleiben (obwohl ich innerlich glühe). Abseilen, Akkus auf der Hütte laden, anschließend mit der Steigklemme wieder 150 Meter am Fixseil hoch, wovon ich mir schon einen Tennisarm, genauer gesagt Yümar-Arm geholt habe. Stell dir vor, du hast 6 geniale Seillängen, nur eine davon ist Schrott bzw. Bruch. Wer mich kennt, weiß, wofür ich mich entscheide. Die Folge ist ein lahmer Arm, der nach stundenlangem Ausräumen der Route nachts über die Bettkante gehängt werden muss, damit das Blut wieder zurück in die Fingerspitzen fließt. Aufgescheuerte Seile durch ewiges Hin- und Herpendeln auf der Suche nach der optimalsten Linie, unberechenbarer Steinschlag durch die bewegten Fixseile. Wer da keinen Schutzengel hat ...".

Besser kann man diese Knochenarbeit sicher nicht beschreiben, und es bleibt nur zu hoffen, dass Pat sich auch in Zukunft nicht von all diesen Widrigkeiten abschrecken lassen wird und uns weitere tolle Routen präsentieren kann. Der Dank der Kletterwelt ist ihm jedenfalls gewiss – auch wenn dieser nicht immer lautstark geäußert wird.

IG KLETTERN & BERGSPORT ALLGÄU

Aktiv für den Bergsport im Allgäu

- Sanierung alpiner Routen und Klettergärten
- Zusammenarbeit mit DAV und Naturschutz
- Erschließung neuer Klettermöglichkeiten
- Informationen rund um Klettern, Bergsport, Naturschutz
- Topos und Bilder

Unterstütze uns und werde Mitglied.
www.ig-klettern-allgaeu.de

Bergsport im Einklang mit der Natur

4 - Känzele (Gebhardsberg) ****

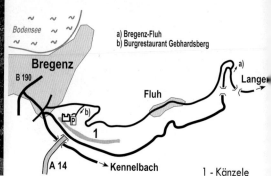

Burg Gebhardsberg oberhalb des Klettergebiets Känzele.

Direkt oberhalb Bregenz erhebt sich der langgezogene Gebhardsberg mit dem Klettergebiet Känzele. Durch seine südliche Lage kann hier nahezu das ganze Jahr geklettert werden. Die frei stehenden Wandbereiche bieten dem sonnenhungrigen Kletterer bis zur späten Mittagszeit Kontakt mit dem wärmenden Planeten. Aber auch im Sommer kann in den dichter mit Wald bestandenen Bereichen kühlender Schatten gefunden werden.
War das Känzele früher ein Gebiet bekannt für Abseilaktionen mit Standplatzbau oder fürs Klettern mit Steigklemme, so hat sich dies grundlegend gewandelt. Die meisten Sektoren haben nun in der Regel auch mehrere Zustiegslängen von unten, so dass hier viele tolle Felsfahrten von bis zu 50 m besonders in den mittleren Graden keine Seltenheit mehr sind. Auch stark überhängende Routen bis in den 10. Grad sind anzutreffen, wobei sich die Mehrzahl der Routen in den unteren Graden befindet. Es gibt sogar perfekt abgesicherte Routen im 3. oder 4. Grad. Die schönsten Klettereien bietet das stark sandsteinhaltige und äußerst kompakte Konglomerat jedoch sicherlich im 6. und 7. Grad. Der Hauptschließer des Gebiets ist Wolfgang Vogl.
Wer mehr erleben möchte, als nur Klettern, für den bieten die nahegelegenen Bodenseestädte genügend Abwechslung kultureller Art und der Bodensee lädt Wassersportler aller Art zum Sprung ins kühlende Nass ein.

Anfahrt
A) Von Langen Richtung Bregenz fahrend in einer Linkskehre nach dem 1. Tunnel rechts ab Richtung Bregenz-Fluh. Steil bergauf nach Fluh, durch den Ort hindurch und wieder bergab. Nach 2 Kehren zweigt nach links eine Straße Richtung Burgrestaurant Gebhardsberg ab. Dieser zum großen Parkplatz unterhalb der Burg folgen.

B) Auf der B 190 vom Zentrum Bregenz kommend Richtung Kennelbach abbiegen. Kurz vor der Abzweigung Richtung Langen/Weiler i. A. links ab Richtung Bregenz-Fluh/Gebhardsberg und gleich wieder rechts Richtung Burgrestaurant Gebhardsberg. Steil bergauf, dann rechts Richtung Burgrestaurant Gebhardsberg zum großen Parkplatz unterhalb der Burg.

Zugang
Am hinteren Ende des Parkplatzes vorbei an einer Schranke dem Weg geradeaus vor zum Trauf folgen. Dort geradeaus/rechtshaltend bergab Richtung Weidach/Kennelbach. Dem Weg bergab folgen, bis er direkt zu einer Felswand führt, die am Wandfuß stark unterhöhlt ist (Route mit alten, rostigen Haken) und über die im Normalfall ein Wasserfall fließt. Dem Weg noch etwas bergab folgen, dann links auf einen deutlichen Pfad, der Richtung „Känzele" führt (rot/weiße Markierung). Dem Pfad durch ein Gatter bis zu einem Haus folgen. Davor bei einer Bank links ab und einige Meter weiter bei einem riesigen Block (Sektor Wanzenburgboulder) links ab und bergauf zur langgezogenen Wand. **Zugangszeit 15-20 Minuten.**

Gestein
Stark sandsteinhaltiger Nagelfluh (Konglomerat), teils auch Sandstein.

Lage
Ca. 550 m, hoher Mischwald, teils frei stehend, die oberen Wandbereiche sind frei stehend.

**** Känzele - 4

a) Burgrestaurant Gebhardsberg
b) Weidach, Kennelbach
c) Känzele (rt/ws)
d) Känzele, Fluh, Pfänder
e) Känzele, Fluh
AS - Abseilstelle

GPS-Koordinaten Abseilstellen:
AS 1:	47,48843N 9,74972E		AS 5:	47,4877N 9,75265E
AS 2:	47,48823N 9,75032E		AS 6a:	47,48769N 9,75328E
AS 3:	47,48811N 9,75125E		AS 6b:	47,48755N 9,75353E
AS 4a:	47,48809N 9,75189E		AS 7:	47,48741N 9,75466E
AS 4b:	47,48794N 9,75203E			

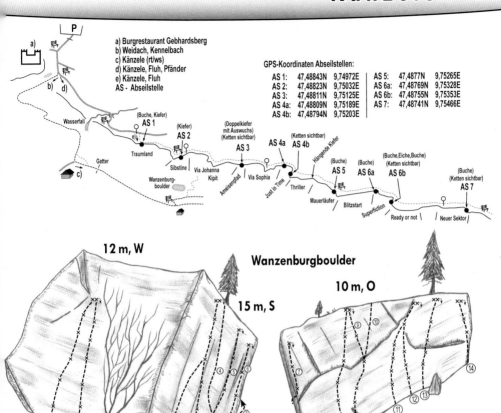

Nr.	Name	Grad
1	Obelix	6+
2	Asterix	6
3a	Thomas Projekt	9+
3	Phi-Lu	8+/9-
4	Arac attack	10
5	Projekt	
6	Ikarus direkt	8+/9-
7	Ikarus	8+/9-
8	?	
9	Utopia	8+/9-
10	Utopia direkt	8+/9-
11	Raue Sau	7+
12	Schweißtreiber	7+
13	Wanzenburgboulder	7
14	Viel z'kurz	3+

4 - Känzele ****

Sektor Traumland ← | Sektor Sibstine | 40 m, SW | AS2

Sektor Traumland (ohne Topo)
15	Herr träumerisch	7
16	Traumland	6/6+
17	Freiflug	7-
18	Hurleburlebutz	7
19	Ixtlan	7-

20	Sibistine	6/6+
21	Blättertanz	7-
22	Forever	8-
23	Metamorphose	10
24	Atemnot	8+
25	Renaissance	7
26	Variante	
27	Rumpelstilzchen	6
28	?	

**** Känzele - 4

Sektor Via Johanna   40 m, SW

29	Wetterfest	7-
30	Tone's Werk	5-
31	Mücken highway	3|6+
32	Mücken highway Umleitung	5
33	Mordikus	7
34	Frühstart	7-
35	Via Johanna	6+
36	Rotznase	7
37	Keuchhusten	7-
38	Kinderschreck	6
39	Gärtnerstolz	4+

4 - Känzele ****

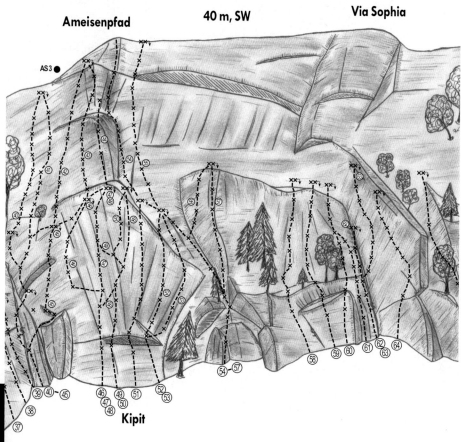

40	Vogelfrei	6-/6
41	Ameisenpfad	7-
42	Fingerspitzengefühl	7+
43	Lustvoll	7
44	Krampfhaft	7
45	Kamel	8-
46	Schnipp Schnapp	9
47	Wild thing	9+
48	Stick your fingers	8+/9-
49	Put your fingers	9+
50	White out	9
51	Kipit	9-
52	Langfinger *(Runout!)*	8+
53	Birthday	8+/9-
54	Soulkitchen	6-
55	Hüftschwung	5+ | 7-
56	Aaronstab	6
57	Frauenschuh	6+
58	Cracker	4
59	Schichtarbeit direkt	4+
60	Schichtarbeit begradigt	4-
61	Tombaou	4-
62	Robin Wood	3+
63	Bilbo	7
64	Via Sophia	7-
65	Gibril	7-
66	Via David	7
67	Möwe Jonathan	5+
68	Ladylike	5-
69	Alpauftrieb	6-

**** Känzele - 4

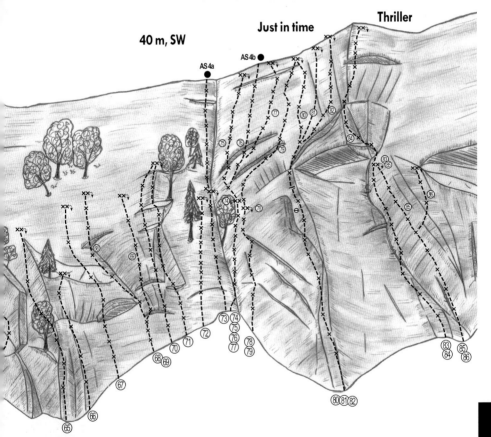

40 m, SW   Just in time   Thriller

Sektor Kipit

70	Polterabend	7
71	Monsoon Wedding	6-
72	Catwomen	4+
73	Namlos	4- | 5+
74	Gollum	5-
75	Habibi	6+
76	Spiderman	7+
77	Gandalf	8+
78	Märchentante	5
79	Balrog	8+
80	Just in time	8-
81	Joker	8+/9-
82	Känzele climb	8+
83	Timeout	6+
84	Thriller	8+/9-
85	Flatterwilli direkt	8-
86	Flatterwilli	7-

4 - Känzele ****

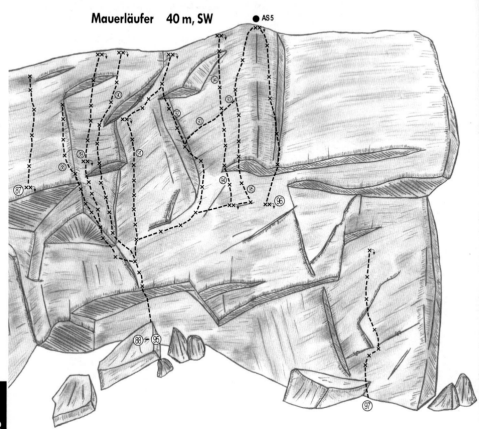

Mauerläufer 40 m, SW ● AS 5

87	Bombadil	8
88	Boys don't cry	9-
89	Sandsturm	9
90	Hardliner	9
91	Koyanisquatis	6- | 8
92	Dickes Ende	8
93	Mauerläufer	7
94	Night bird flying	7+
95	Cry of love	7
96	Smaragd	8-
97	Rainy day dream away	7-

**** Känzele - 4

Blitzstart   40 m, SW

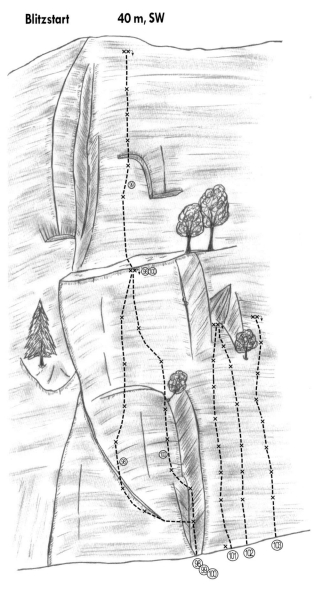

98	Moments	5-
99	Höhenluft	7
100	Someday	5+
101	Miss U	7-
102	Blitzstart	7-
103	Dornenpfeiler	7

4 - Känzele ****

**** Känzele - 4

104	Dschungelbuch	4+
105	Moskito	5+
106	Via Doris	6-
107	Via Doris Direkteinstieg	6+
108	Sindri	7-
109	Zabriskie	7
110	Superfiction	7
111	?	7
112	Khazad-dum	7+
113	Frida Frech	8-

Michael Kuderna in Wetterfest (7-), Känzele

4 - Känzele ****

Ready or not   50 m, SW

**** Känzele - 4

114	Ready or not	9
115	?	
116	?	
117	?	
118	?	
119	?	

GEBRO Verlag
Die etwas anderen Kletterführer

Boulder-Topo ALLGÄU-BLOCK

Mit etwa 700 Boulderproblemen von Fb 2 bis Fb 8b+ ist das Allgäu eines der besten Bouldergebiete der Republik.

Nagelfluh, Kalk und Sandstein bieten Abwechslung pur in über 20 Gebieten zwischen Iller- und Lechtal.

www.gebro-verlag.de
info@gebro-verlag.de